Giovanni Antonio Scopoli, Graf von Thurn Franz Hannibal, Friedrich Christian Günther

Johann Anton Scopoli

Bemerkungen aus der Naturgeschichte

Giovanni Antonio Scopoli, Graf von Thurn Franz Hannibal, Friedrich Christian Günther

Johann Anton Scopoli
Bemerkungen aus der Naturgeschichte

ISBN/EAN: 9783337338930

Hergestellt in Europa, USA, Kanada, Australien, Japan

Cover: Foto ©ninafisch / pixelio.de

Weitere Bücher finden Sie auf **www.hansebooks.com**

Johann Anton Scopoli

Kayserl. Königl. Bergrath, in Niederungarischen Bergstädten, Obrist-Cammergrafen-Amts Assessors. Der Mineralogie zu Schemnitz öffentlichen Lehrers. Der Kayserl. Königl. Ackerbau-Gesellschaft in Steyer, Crain, Görz und Gradissa, der Oeconom. zu Bern, und Bienengesellschaft in Oberlausitz Mitgliedes,

Bemerkungen
aus der
Natur-Geschichte,

Erstes Jahr,

welches

die Vögel seines eigenen Cabinets

und zugleich

einige seltene, die er in dem Kayserl. Thiergarten
und in der Sammlung

des Hrn. Grafen Franz Hannibal von Thurn

gesehen, beschreibet,

aus dem Lateinischen übersetzt
und mit einigen Anmerkungen versehen.

von

D. Friedrich Christian Günther,

Herzoglich Sachsen Coburgl. Leibarzt und Prakticus
zu Cahla bey Jena.

Leipzig,
bey Christian Gottlob Hilscher, 1770.

Vorbericht des Uebersetzers.

Es ist eine ausgemachte Wahrheit, daß die Naturgeschichten einzelner Gegenden und Fürstenthümer, zur Erweiterung dieser angenehmen und nützlichen Wissenschaft ungemein viel beytragen, da fast jeder Districkt einige eigene Geschöpfe, entweder ganz allein, oder doch in grösserer Anzahl, als andere benachbarte Gegenden hervor bringet. Man wird dahero schwerlich

lich eher eine ganz vollkommene Naturgeschichte Europens zu hoffen haben, als bis es genug gelehrte und fleißige Männer gegeben haben wird, davon ein jeder, seine Gegend und ihre natürlichen Producte beschrieben hat. Eine Vollkommenheit! die vielleicht der Zukunft in nicht allzu langer Zeit vorbehalten ist; Da man in unserem Jahrhunderte die Bemühungen so vieler Gelehrten mit Ruhm bemerken kann, die alle mit einander diesen Gegenstand zum gemeinschaftlichen Endzweck haben. Herr **Docktor Scopoli** zu Idria, machet seiner Gegend in welcher er lebt, dem Herzogthum Crain, würklich viel Ehre, da er sich Mühe giebt, die natürlichen Seltenheiten desselben mit grossem Fleiß aufzusuchen, und zu beschreiben. Er hat uns schon eine Beschreibung Crainischer Inseckten * geliefert, und jetzo sehen wir in seinen ersten so

betit=

* Entomologia Carniolica, exhibens insecta carnioliæ indigena Vindobonæ. 1763. 8vo maj.

Vorbericht des Uebersetzers. 5

betittelten Jahrgange* alle diejenigen Crainischen Vögel vor uns, die er in seinem Cabinet besitzet. Da diese Schrift lateinisch abgefasset ist; so läßet sie sich nur von denen lesen die dieser Sprache gewachsen sind. Wer weiß aber nicht, daß die Naturgeschichte, jetzo die Lieblings=Wissenschaft von ganz Deutschland ist? Es giebt eine grosse Anzahl Kenner und Verehrer derselben, deren Hauptwerk die halb griechisch=lateinische Sprachkunst zwar eben nicht ist, die aber doch nichts desto weniger, zur Erweiterung der Naturkunde vieles beytragen können, wenn sie in den Stand gesetzet werden, gute und brauchbare Schriften in ihrer Muttersprache zu lesen. Diesen muß man mit Uebersetzungen dienen, und hierdurch ihren Bemühungen aufhelfen. Aus dieser Absicht sind nicht nur des Ritters von Linné älteres Natursystem, sondern auch des seel. Kleins Schriften, vormahls ins

---

* Annus primus Historico Naturalis etc. Lipf. 1769. 8vo.

ins Deutsche übersetzet worden, und eine gleiche Ursache hat mich angetrieben, gegenwärtige Uebersetzung zu liefern; da ich in dem Original-Werkgen des Herrn Verfassers, würklich viele Anmerkungen gefunden habe, die der Naturwissenschaft nutzbar sind, denn er beschreibet sogar verschiedene Arten Vögel, die man bey dem Ritter von Linne im zehenten Natursystem, noch nicht findet.

Ausserdem kann auch gegenwärtige Uebersetzung denen Forstbedienten und Jägern überaus dienlich seyn. Sie können die meisten Vögelarten hier nach ihren eigentlichen Nahmen und Kennzeichen weit deutlicher, als aus denen gewöhnlichen Jagdbüchern kennen lernen. Man muß sich wundern, wie wenig die meisten dieser Art Leute, von diesem Theile ihrer Wissenschaft, unterrichtet sind, und wie verworren ihre Kenntniß und Benennung derer sonst bekanntesten Vögel, öfters ausfällt. **Herr Docktor Scopoli** verspricht in seiner

Vorbericht des Uebersetzers. 7

Vorrede, mit seinen Jahrgängen fortzufahren und darinnen seine fernerweitige Bemerkungen natürlicher Dinge mitzutheilen; und wie angenehm muß diese Fortsetzung dem Publikum nicht seyn? da es mit der Zeit von dem Fleiß des Herrn Verfassers, in diesen Jahrgängen die ganze Naturgeschichte des Herzogthums Crain, die ausser dem Wenigen was Valvasor* und Steinberg davon gemeldet, noch ziemlich unbekannt und unbearbeitet ist, erwarten kann. Vielleicht bekommen wir auch noch Nachrichten von Crainischen Foßilien und Peträfacten, und besonders von der Beschaffenheit, derer vortreflichen Queckſilber-Bergwerke um Idria, davon wir noch zur Zeit wenig wissen? Sollte ich eine gute Aufnahme dieser gegenwärtigen Uebersetzung bey dem Publicum bemerken; So dürfte ich vielleicht die künftig erscheinende Jahr-

---

* Ioh. Weichhard Valvasor Ehre des Herzogthums Crain, Laubach anno 1689. in fol. 10.

Jahrgänge gleichfalls in deutscher Sprache liefern. Bey gegenwärtiger Uebersetzung bin ich so wenig von dem Lateinischen abgegangen, als es nur möglich gewesen ist, und nur einige Stellen wird man finden, da ich mich, um der deutschen Sprache nicht Gewalt zu thun, durch eine kleine Umschreibung, von dem Lateinischen ein wenig entfernet habe. Einige Geschlechtsnahmen die sich im Deutschen nicht ausdrucken lassen, habe ich so gelassen wie sie sind, um das Werk nicht zu verdunkeln. Die lateinischen Benennungen des Schriftstellers, sind auch allemahl denen deutschen beygefügt, und von denen deutschen Nahmen nur solche, die in Obersachsen gebräuchlich sind, beybehalten worden. Da aber nichts auf der Welt vollkommen ist; so bescheide ich mich gar gerne, daß auch meine Uebersetzung nicht ganz ohne alle Fehler sey, und erbiete mich, solche in Zukunft abzuändern, wenn ich, wie ich hoffe, meinen Schriftsteller werde immer näher kennen lernen.

Die

Die kleinen Anmerkungen welche ich hin und wieder unten auf denen Seiten beygefüget habe, können zu mehrerer Deutlichkeit und Erweiterung der Vögelgeschichte, sonderlich in Obersachsen etwas beytragen, und sollte es auch gleich nur wenig seyn. Alles was darinnen gesagt wird, ist aus eigener Erfahrung und von Originalen die in meinen Händen sind, gesagt worden, denn ich habe das Glück, eine ansehnliche Sammlung wohl conservirter in und ausländischer Vögel zu besitzen, und bin also im Stande gewesen, die meisten, in diesem Werkgen befindlichen Vögelbeschreibungen, nach denen Originalen zu prüfen und zu beurtheilen. Womit ich mich der Gewogenheit meiner Leser bestens empfehle. Cahla bey Jena den 10. Nov. 1769.

D. Friedrich Christian Günther.

Vorrede des Verfassers.

Ich werde meine Bemerkungen welche in die Naturgeschichte und den Ackerbau einschlagen, in Zukunft alle Jahr der gelehrten Welt mittheilen. Und hiermit liefere ich den ersten Jahrgang; in welchem die Vögel beschrieben werden, welche ich selbst aufhebe, oder doch anderwärts mit eigenen Augen untersuchet habe.

Ich habe die Ordnungen und Geschlechte der Linneischen Vögelbeschreibung beybehalten, welche sich auf den Schnabel, die Zunge und die Füsse gründen. Allein, eben diese Grundsätze haben mich genöthiget, die neuen Geschlechte

schlechte Uria, Trachelia und Sylvia aufzurichten, die vormalige Geschlechter des Herrn Kleins, Branta und Plotus aufs neue wieder einzuführen, und den Character der andern allenthalben zu verbessern, damit diese Wissenschaft auf festern Füssen stehen möchte. Allzuviele gleichviel bedeutende Benennungen oder Synonimen, kritische Anmerkungen, und allzu weitläuftige Beschreibungen, habe ich deswegen weggelassen, damit diese Dinge dem Leser keinen Eckel erwecken möchten. Endlich habe ich noch die Crainischen Deutschen und Italiänischen Nahmen derer Vögel beygefügt, weil die vaterländischen Benennungen, die Erkänntniß natürlicher Dinge auf eine wunderbare Art erleichtern. Der Endzweck meiner Unternehmungen gehet dahin: diejenige Wissenschaft, welcher das menschliche Geschlechte seine Glückseeligkeit einzig zu danken hat, deutlicher zu machen.

Nachstehende Linneische Vogel sind in diesem Werke zu andern Geschlechten gerechnet worden, wie aus diesem Entwurf zu sehen.

Genera Linnei.				Nostra genera.	
Upupa	4	-	Gracula	1	Num. 46
Anas	11	-	Branta	1	n. 84
—— ——	13	-	—— ——	2	n. 85
Diomedea	1	-	Procellaria	2	n. 96
Sterna	3	-	Larus	8	n. 111
Recurvirostra	1	-	Scolopax	1	n. 129
Turdus	11	-	Sturnus	3	n. 191
Fringilla	9	-	Emberiza	4	n. 211
—— ——	19	-	—— ——	5	n. 212
Sturnus	8	-	Motacilla	1	n. 223
Motacilla	1	-	Sylvia	1	n. 227
—— ——	6	-	—— ——	2	n. 228
—— ——	19	-	—— ——	3	n. 229
—— ——	17	-	—— ——	4	n. 230
—— ——	28	-	—— ——	5	n. 231
—— ——	2	-	—— ——	6	n. 232
—— ——	23	-	—— ——	7	n. 233
—— ——	4	-	—— ——	9	n. 235
—— ——	18	-	—— ——	11	n. 237
—— ——	22	-	—— ——	12	n. 238
—— ——	29	-	—— ——	13	n. 239
—— ——	31	-	—— ——	14	n. 240

Entwurf

Derer Ordnungen, Geschlechter und Arten sämmtlicher in diesem Werke beschriebener Vögel,

Diejenigen Arten, die in der 10ten Ausgabe des Linnéischen Natursystems nicht zu finden, sind hier mit einem Sterngen bezeichnet.

I. Ordnung,
Habichte, Accipitres.

1) Falkengeschlecht, Falco.

1 Der Goldadler,   Chrysoæthos.
2 Weißgeschwänzte Adler,   Pygargus.
3 Edler deutscher Falk,   Gentilis.
4 Mausefalk,   Buteo.
5 Wannenwäher,   Tinnunculus.
6 Sperber,   Nisus.

2) Eulengeschlecht, Strix.

7 Uhu,   Bubo.
8 Ohreule,   Otus.
9 Waldeule,   Giu.
10 Weißbunte Eule,   Nyctea.
11 Mauseule,   Aluco.
12 Knarr oder Zischeule,   Stridula.
* 13 Holzeule,   Sylvestris.
* 14 Weisse Eule,   Alba.

Innhalt.

* 15 Nachteule,   Noctua.
* 16 Fuchsrothe Eule,   Rufa.
   17 Das Käutzlein.   Passerina.

II. Ordnung,
Elsterartige, Picæ.

3) **Neuntödtergeschlecht,** Lanius.

18 Grosse graue Neuntödter, Excubitor.
19 Dorndräher,   Collurio.
20 Seidenschwanz.   Garrulus.

4) **Papagey,** Psittacus.

21 Rother Papagey,   Macao.
22 mit grünen Scheitel und
    lasur blauen Schwanz,   Ararauna.
23 grüner mit unten rothen
    Flügeln und Schwanz,   Severus
24 grosser grüner Papagey
    mit rothen Schultern,   Nobilis.
25 grüner mit gelben Kopf,
    Halß und Schenkeln,   Carolinensis.
26 grüner mit rothen Halß
    und Brust,   Alexander.
* 27 grün gelber mit blauer Stirn
    und rothen Schultern,   Formosus.
* 28 kleiner gelber mit blaugrü-
    nen Flügeln,   Merulinus.
* 29 kleiner grüner mit schwar-
    zen Schnabel,   Krameri.

Innhalt.

30 aschgrauer mit rothen
   Schwanze,   =   Erithacus.
* 31 rother mit aschfarbnen Kopf, Kuber.
* 32 grüner mit rothen Huth
   und Stirn,   =   Pileatus.
* 33 grüner mit dunkelblauen
   Kopf,   =   Cyanocephalus.
34 allerkleinster grüner mit
   rother Stirn und Kehle,   Pullarius.

5) Rabengeschlecht, Corvus.

35 Größter Rabe, Steinrabe, Maximus.
36 Schwarze Krähe,   Vulgaris.
37 Graue Krähe,   =   Cornix.
38 Dohle,   =   Monedula.
39 Waldhäher,   =   Glandarius.
40 Nußbrecher,   Caryocatactes.
41 Aelster,   =   Rusticus.

6) Rabenartige Vögel, Coracias.

42 Der americanische   Xanthornus.
43 Der Carthagenenser,   Carthagenensis.
44 Die Mandelkrähe,   Garrulus.
45 Die Golddrossel,   Oriolus.

7) Dohlenartige Vögel, Graculæ.

46 Der Feuerrabe oder Roth-
   schnabel,   =   Pyrrhocorax.

8) Paradießvögel, Paradisæa.

47 Der ohnbeinigte Paradieß-
   vogel,   =   Apoda.

9) Ku=

Innhalt.

9) **Kuckucksgeschlecht,** Cuculus.
48 Gemeiner Kuckuck,   Canorus.
49 Der Kronvogel,   —   Persa.

10) **Wendhalßgeschlecht,** Iynx.
50 Natterwindel,   —   Torquilla.

11) **Spechtgeschlecht,** Picus.
51 Der Schwarzspecht,   Martius.
52 Grünspecht,   —   Viridis.
53 Grosser Buntspecht,   Major.
54 Der mittlere Buntspecht,   Medius.
55 Der kleine Buntspecht,   Minor.
56 Der dreyzähigte Specht,   Tridactylus.

12) **Baumpicker,** Sitta.
57 Der Kleber, Blauspecht,   Europæa.

13) **Baumklette,** Certhia.
58 Der Mauerspecht,   Muraria.
59 Baumläuferlein,   Familiaris.
60 Die grüne Baumklette,   Viridis.
61 Die himmelblaue Baum=
     klette,   —   Caerulea.

14) **Wiedehopf,** Upupa.
62 Der Kothhahn,   —   Epops.

15) **Meerschwalbe,** Merops.
63) Der Bienenfraß,   Apiaster.

16) **Eiß=**

Innhalt.

Eißvogelgeschlecht, Alcedo.

64 Der Königsfischer, Ispida.
65 Der Eißvogel aus Smyrna, Smyrnensis.

III. Ordnung,

Schwimmvögel, oder Gänßeartige, Anseres.

17) **Entengeschlecht,** Anas.

66 Der Schwan, Cygnus.
67 Die spanische Ganß, Cygnoides.
68 Die braune wilde Ente, Fusca.
69 Die Ganß, Anser.
70 Die Löffelente, Clypeata.
71 Das Goldäuglein, Clangula.
72 Die eisengraue Ente, Glaucion.
73 Die Spießente, Acuta.
74 Die Winterente, Hyemalis.
75 Die Krickente, Querquedula.
76 Circia.
77 Zahme Ente, Boschas.
78 Die schwarze Ente, Fuligula.
* 79 Die weißköpfigte Ente, Leucocephala.
* 80 Die Mönchente, Monacha.
* 81 Der Rothhalß, Ruficollis.
* 82 Die schwarzschwänzigte Ente, Melaura.

*83

Innhalt.

* 83 Die unterirdische Ente,
                          Subterranea.

18) Das Geschlecht, Branta.

84 Die Brentganß,   Bernicla.
85 Die türkische Ente,   Moschata.
86   ,,   ,,   Torrida.
87 Die Weißstirn,   Albifrons.

19) Sägergeschlecht, Mergus.

* 88 Der Vielfraaß,   ,,   Gulo.
  89 Der weißlichte Taucher, Albellus.
  90 Der Mohr,   ,,   Aethiops.
  91 Die Scheckente,   Albulus.
  92 Die ungarische Taucher-
    ente,   ,,   Pannonicus.

20) Halbente, Plotus.

93 Die hinkende Halbente, Claudicans.

21) Das Geschlecht, Alca.

94   ,,   ,,   Torda.

22) Sturmvögel, Procellaria.

95 Der kleine schwarze Sturm-
   vogel,   ,,   Pelagica.
96 Der wegziehende Sturm-
   vogel,   ,,   Diomedea.

23) Der

Innhalt.

23) **Der Pelecan,** Pelecanus.

 97 Der Nimmersatt,   Onocrotalus.
 98 Der schwarze Pelecan,   Carbo.

24) **Tauchergeschlecht,** Colymbus.

 99 Bekappter und gehörnter
   Taucher,   Cristatus.
 100 Der geöhrte Taucher,   Auritus.
* 101 Der schwärzlichte Taucher, Nigricans.
* 102 Das Tauchentlein,   Vulgaris.

25) **Das Geschlecht** Uria.

 103 Die Lumme,   Lomwia.

26) **Meevengeschlecht,** Larus.

 104 Die weißgraue Meeve,   Canus.
* 105 Die aschgraue Meeve,   Cinereus.
* 106 Die Weiße,   Albus.
 107 Die Graubraune,   Fuscus.
* 108 Die Amselmeeve,   Merulinus.
* 109 Die Vierfarbigte,   Quadricolor.
* 110 Die zweyfarbigte Meeve,   Bicolor.
 111 Die Schwalbenmeeve,   Hirundo.
* 112 Das Fischerlein,   Sterna.
* 113 Die Taubenmeeve,   Columbinus.

27) **Flamand,** Phoenicopterus.

 114 Der rothe Flamand,   Ruber.

IV. Ordnung,
Vögel mit Stelzfüssen, Grallæ.

28) Löffeler, Platalea.
115 Die weißlichte rosenfarbne
Löffelganß,   Leucorodia.

29) Das Reyhergeschlecht, Ardea.
116 Der Nachtreyher,   Nycticorax.
117 Der aschgraue Reyher,   Cinerea.
118   Herodias.
119 Der braunrothe Reyher,   Rufa.
120 Der bunte Reyher,   Variegata.
121 Der kleine Reyher,   Ralloides.
122 Der Kranich,   Grus.
123 Der Storch,   Ciconia.
124 Schwarze Reyher,   Nigra.
125 Rohrdommel,   Stellaris.
* 126 Schneeweisser Reyher,   Nivea.
127 Weisser Reiher mit rothen Schnabel,   Alba.
128   Ibis.

30) Das Schnepfengeschlecht, Scolopax.
129 Die Schnepfe mit über sich krum gebogenen Schnabel,   Avosetta.
130 Die rothe Schnepfe,   Rubra.
* 131 Der rothbraune Brachvogel mit grünen Flügeln,   Rufa.
132 Der Brachvogel, mit blaugrauen Füssen,   Phoeopus.
* 133

Innhalt.

* 133 Die südliche Schnepfe,   Australis.
   134 Waldschnepfe,   Rusticola.
* 135 Die schwarz und weisse
     Schnepfe,   -   Pica.
* 136 Die weißflüglichte Schnepfe,
     -     -   Leucoptera.
   137   -   -   Glottis.
   138 Mooßschnepfe,   Gallinago.
* 139 Die kleinste Schnepfe,   Gallinula.

31) **Strandläufergeschlecht,** Tringa.

   140 Der Streitvogel, Kampf-
     hähnlein,   -   Pugnax.
   141 Der Kybitz,   -   Vanellus.
   142   -   -   Gambetta.
   143 Das Sandläuferlein,   Hypoleucos.
* 144   -   -   Porzana.
   145 Graue Pulroß,   Squatarola.
* 146 Das Rothbeinlein,   Erythropus.

32) **Seelerchengeschlecht,** Charadrius.

   147 Die Uferlerche,   Hiaticula.
   148 Das Dünnbein, Riemen-
     bein,   -   Himantopus.

33) **Wasserhühnergeschlecht,** Fulica.

   149 Das Blaßhuhn, Weiß-
     blässe,   -   Fulica Atra.
   150 Rußfarbnes Blaßhuhn, Fuliginosa.
* 151 Das weißbauchigte Was-

152 Das violette Wasser-
   huhn,   Porphyrio,
153 Das grünfüßigte Wasser-
   huhn,   Chloropus.

34) Das Rall= oder Wachtelkönigge=
   schlecht, Rallus.

154 Die Schnarre oder ordinaire
   Wachtelkönig,   Rallus Crex.
155 Der Wasserrall,   Aquaticus.
156 Der Meeven förmige
   Rall,   Lariformis.
157 Der kleine Rall,   Rallus Parvus.
158 Das Rallförmige Was-
   serhühnlein,   Fulicula.

35) Trappengeschlecht, Otis.

159 Der Ackertrappe,   Tarda.

36) Straußgeschlechte, Struthio.

160 Gemeiner afrikanischer
   Strauß,   Camelus.

37) Das Geschlecht Trachelia.

161 Die Wiesen Trachelia, Pratincola.

V. Ordnung,
Hühnerartige, Gallinae.

38) Pfauengeschlecht, Pavo.
162 Der gemeine Pfau,   Cristatus.

39)

Innhalt.

39) Indianisches Hühnergeschlecht, Crax.

163 Der schwarze indianische Hahn, — Nigra.

40) Fasanengeschlecht, Phasianus.

164 Der Haußhahn, Phasianus Gallus.
165 Das Perlhuhn, — Meleagris.
166 Der gemeine Fasan, — Colchicus.
167 Der weiß und schwarze Fasan, — Nycthemerus.

41) Wildes Hühnergeschlecht, Tetrao.

* Mit rauchen Hasenfüssen.

168 Der Auerhahn, Tetrao Vrogallus.
169 Birkhahn, — Tetrix.
170 Schneehuhn, — Lagopus.
* 171 Bunter Rauchfuß, Nemesianus.
172 Kleiner bunter Rauchfuß, Betulinus.
173 Das Haselhuhn, — Bonasia.

** Mit glatten Füssen, oder Rebhühner.

174 Das Steinhuhn, Berghuhn, Rufus.
175 Gemeines Rebhuhn, — Perdix.
176 Die Wachtel, Coturnix

VI. Ordnung.

Sperlingsartige, Passeres.

42) Taubengeschlecht, Columba.

177 Feldtaube, Haußtaube, — Columba Oenas.

178

Innhalt.

178 Wildetaube, Ringeltaube, Palumbus.
* 179 Die grunzende oder blöckende Taube,   Mugiens.
* 180 Die dem Steinhuhn ähnliche Taube,   -   Tetraoides.
181 Die Turteltaube,   Turtur.
182 Die Lachtaube,   Risoria.
183 Die ganz kleine amerikanische Taube,   Passerina.

43) Lerchengeschlecht, Alauda.

184 Die Feldlerche,   Alauda Arvensis.
185 Schopflerche,   Cristata.
186 Baumlerche, Heydelerche,   Arborea.
187   -   Spinoletta.
* 188 Die Winterlerche,   Brumalis.

44) Staargeschlecht, Sturnus.

189 Der gemeine Staar, Sturnus Vulgaris.
190 Der gelbe Staar,   Luteolus.
191 Rosenfarbige Drossel,   Roseus.
192 Der Staar mit einem Halßband,   -   Collaris.

45) Drosselgeschlecht, Turdus.

193 Der Mistler, Schnerre,   Viscivorus.
194 Krametvogel, Zeumer,   Turdus Pilaris.
195 Die Weißdrossel, die Zippe,   Musicus.
196 Die Rothdrossel oder Winterdrossel,   -   Iliacus.
197 Die schwarze Amsel,   Merula.
198 Ringelamsel,   Torquatus.
199 Die Steindrossel,   Saxatilis.

46)

Innhalt.

46) Dickschnäbel, Loxia.

200 Der Krummschnabel, Kreutz-
   vogel,   Loxia Curvirostra.
201 Kernbeisser,   Coccothraustes.
202 Der Gympel,   Pyrrhula.
203 Der rothe Dickschnabel, Rubra.
* 204 Der Americaner,   Torrida.
* 205 gelbgrüner Dickschnabel, Serinus.
206 Der Grünling, Grünfink, Chloris.
207 Blauer Dickschnabel, Cyanea.

47) Emmerlingsgeschlecht, Emberiza.

* 208 Schwarzköpfigter Emmerling,   Melanocephala.
209 Goldammer, gemeiner gelber Emmerling, Emberiza Citrinella.
* 210 Emmerling mit schwarzen
   Barth,   Barbata.
211 Stieglitz, Distelfink, Carduelis.
212 Zeißlein,   Spinus.
213 Der Winteremmerling, Brumalis.
214 Der Schneeemmerling, Nivalis.
* 215 Der Trauervogel,   Luctuosa.
216 Langschwänzigter Emmerling,   Paradisæa.

48) Finkengeschlecht, Fringilla.

217 Gemeiner Fink, Fringilla, Coelebs.
218 Bergfink, Buchfink, Quä-
   cker,   Montifringilla.
219 Hänfling, Flachsfink, Cannabina.

Innhalt.

220 Haußsperling, Domestica.
221 Feldsperling, Montana.
* 222 Amerikanischer Fink, Mariposa.

49) Bachstelzengeschlecht, Motacilla.

223 Die Wasseramsel, Motacilla, Cinclus.
224 Graue Bachstelze, Alba.
225 Gelbe Bachstelze, Flava.
226 Kuhstelze, Boarula.

50) Geschlecht der Fliegenvögel und Brustwenzel, Sylvia.

227 Die Nachtigall, Sylvia, Luscinia.
228 Die graue Grasemücke, Spottvogel, Curruca.
229 Der Mönch mit der schwarzen Platte, Atricapilla.
230 Steinschmatzer, Oenanthe.
231 Das Rothkehlgen, Rubecula.
232 Das Waldrothschwänzlein, Phoenicurus.
233 Das Haußrothschwänzgen, Tithys.
* 234 Der braun und röthlicht bunte Fliegenvogel, Zya.
235 Schoenobænus.
* 236 Der schwarz und weisse Fliegenschnäpper, Muscipeta.
237 Der bräunlichte Fliegenvogel, Rubetra.
238 Das Weidenzeißlein, Trochylus.
239 Der Zaunkönig, Trochlodytes.
240 Das Goldhähnlein, Regulus.

51)

Innhalt.

51) Meisengeschlecht, Parus.

* 241 Die Barthmeise,   Parus barbatus.
   242 Die Kohlmeise,   Major.
   243 Die Schopfmeise,   Cristatus.
   244 Blaumeise,   Caeruleus.
   245 Die Schwarzmeise, Speermeise,   Ater.
   246 Hundsmeise,   Palustris.
   247 Die Schwanzmeise,   Caudatus.
   248 Die schwarze Meise, mit rothgelben Kopf,   Erythrocephalus.

52) Schwalbengeschlecht, Hirundo.

   249 Die Haußschwalbe, Stachelschwalbe,   Hirundo rustica.
   250 Die Spyrschwalbe, Mehl-Schwalbe,   Urbica.
   251 Die Thurmschwalbe, Mauerschwalbe,   Apus.
   252 Die Alpschwalbe,   Alpina.
   253 Die Felßenschwalbe,   Rupestris.

53) Nachtschatten oder Nachtschwalbengeschlecht, Caprimulgus.

   254 Der gemeine Geißmelker, oder Kuhsauger, Caprimulgus Europæus.

Nachricht

Die in diesem Werkgen hin und wieder vorangesetzten Anfangsbuchstaben, bedeuten nachfolgende Worte:

aus E. C. Aus eigenem Cabinet des Herrn Scopoli, worinnen er fast die meisten Crainischen Vögel aufhebt.

aus dem T. C. Aus dem Gräflichen Thurnischen Cabinet.

aus dem K. T. Aus dem Käyßerl. Thiergarten.

U. Z. Unterscheidungs-Zeichen, (Diagnosis)

Man muß auch noch anmerken; daß der Herr Verfasser, das Wort Uropygium (der Bürzel) welches eigenlich der Fleck über dem Schwanze ist, öfters auch von der Gegend unter dem Schwanze; welchen Linneus Crissus nennet, gebrauchet habe, e. g. bey Num. 40. wird gesagt: der Nuß-Brecher, Caryocatactes habe Uropygium album. Da doch der Bürzel bey diesem Vogel dunkel braun ist, der Crissus hingegen, oder der Platz unter dem Schwanze allein weiß sieht. Wir haben bey unserer Uebersetzung, diese Vermengung der Worte bey denen uns bekannten Vogeln so viel möglich vermieden, und nur die Gegend über dem Schwanze, den Bürzel (Uropygium) genennet; Crissus oder regio ani ist durch die Worte; unter dem Schwanz ausgedrücket worden. Das Wort Steiß aber haben wir gebraucht, wenn wir ungewiß gewesen, ob der Herr Verfasser, die Gegend über oder unter dem Schwanze gemeynet habe.

I. Ordnung.

Habichte, lat. Accipitres.

Dieses Geschlecht ist unflätig, räuberisch und fleischfressend. Seine Stimme besteht entweder in einem Geschrey, oder in einem Zischen. Niemahls trinkt es, und hat keinen Gesang. Sein Koth ist allezeit flüssig. Es ist mit grossen Klauen und einem starken Schnabel bewaffnet. Nistet sehr hoch, und legt nicht mehr als 5. Eyer. Dasjenige was es nicht verdauen kann, speyet es in zusammen geballeten Kugeln wieder von sich.

Der Falk, lat. Falco.
Linn. Syst. Nat. XII. p. 124.

Ein Vogel der lange herum fliegen kann. Sein Schnabel ist krumm gebogen. Er hat eyrunde Nasenlöcher, die in die fleischichte Erhöhung der Wurzel des Schnabels (cera) eingesenket sind.

I. Ordnung,

Da wo der Schnabel am Kopfe sitzt, stehen schwarze Porsten.

1) Gold=Steinadler, lat. Falco Chrysoæthos.

Der Falk mit gelber Erhöhung des Schnabels, rauchen Füssen, braun grauen und rostfarbenen Leibe und schwarzen Schwanze, der oben wellicht in das Graue fällt. Linn. b. c. N. 5.

U. Z. Unter allen übrigen Arten ist dieses der größte Adler. Sein Schwanz ist an seiner Unterfläche weiß, mit schwarzer Spitze.

aus E. C. Er ist aus Obercrain und wohnet auch sonst auf hohen Felsen um Tsuber in Croatien.

Er fällt zuweilen grösser oder kleiner an Grösse aus, und sieht öffters mehr braun als röthlicht. Man fängt ihn im Winter bey den aufgesteckten Bissen, derer Schwanenhälse oder Fuchseisen. (a)

2) Der

---

a) Das Hauptkennzeichen des Goldadlers oder wahren Adlers, bestehet außer seiner Grösse, damit er alle europäische Raubvögel übertrifft, in seinen bis auf die Zähen mit Federn bekleideten Fängen, die bey allen andern Adlern glatt sind. Der, den der Uibersetzer in seiner Sammlung besitzt, wog 20. Pfund. Er ist also noch um 4. Pfund schwerer als der Kleinische, Prodrom. Hist. av. §. XVI. I. Da er mitten im Sommer zu Altenberga bey Cahla geschossen worden; So lässet sich daraus schliessen, daß er auch in Thüringen, oder wenigstens nicht weit von dessen Gränzen horsten müsse. G.

2) **Der weißgeschwänzte Adler, Steingeyer, Weißkopf, Gelbschnabel,**
lat Falco, Pygargus.

Der Falk mit bleichgelber Erhöhung des Schnabels (cera) grauen Leibe, bläſſern mit röthlichten länglichten Flecken beſetzten Bauche und weißen Kreiß um die Augen. Linn. l. c. p. 89. n. 11.

Der Falk mit bleichgelber Erhöhung des Schnabels und weißen Schwanzfedern, welche gegen die Spitze ſchwarz werden. Linn. Faun. Svec. 58. Kramer, Eleuch. 326. n. 3.

Pygargus Gelner. Av. 205. Ionſton Av. p. 5. Tab. 2. 3.

Crainiſch Poſtoina. Ital. Avoltoio, Aguilone.

U. Z. Hat eine blaßgelbe Schnabelerhöhung und einen weiſſen Kreiß um die Augen.

aus E. C. iſt aus ober Crain. Er iſt gröſſer als ein Hahn, und aſchgrauſicht, der Bauch iſt mit röthlichten Flecken beſprengt. Sowohl die Flügel als Schwanzfedern haben ſchwarze Spitzen. (b)

3) Der

---

b) Der Pygargus ſo in unſern Cabinet befindlich und zu Fröhlichenwiederkunft, einem Fürſtl. Jagdſchloſſe bey Cahla, im Winter auf dem Fuchseiſen gefangen worden, iſt wohl 3 mahl ſo groß als ein Hahn, im übrigen aber der Scopoliſchen Beſchreibung ganz ähnlich, daher ſicher zu ſchlieſſen: daß es auch bey dieſer Art von

Adlern

I. Ordnung,

3) Der Falk, edler deutscher Falk,
lat. Falco gentilis (c)

Der Falk mit bleichgelber Erhöhung des Schnabels und bleichgelben Fängen, aschgrauen mit braunlicht gefleckten Leibe, und mit 4. schwärzlichten Binden gezierten Schwanze. Linn. l. c. n. 13.

Kramer Eleuch. p. 328. n. 8. Ital. Falcone.

U. Z. Eine blaßgelbe Erhöhung hinten am Schnabel. Gelbe Fänge. Ein aschgrauer Schwanz mit 4. schwarzen Querbinden.

aus E. C. Ist so groß als der Mausefalke, unten weiß mit braun grauen Querstreifen, die auf der Brust dreyeckigt ausfallen. Der Augenkreiß ist kahl und röthlicht. Der Schwanz hat eben so viel Binden als Ionston bey der Zeichnung des Finkenhabichts angemerket hat.

4) Der Mausefalk, Waldgeyer
lat. Falco, Buteo.

Der Falk mit leimen gelben Fängen und Schnabelerhöhung, braunen Körper und bläffern
mit

Adlern, einige in der Grösse würklich verschiedene Nebenarten geben müsse. Der unsrige wog frisch 15. Pfund. G.

c) Dieser Falk wird in Thüringen der grosse Sperber genannt, und ist denen Enten und Hühnern sehr gefährlich, die er oft aus den Höfen raubet. G.

Habichte, Accipitres. 5

mit braun gefleckten Unterleibe. Linn. l. c. n. 14.
Kram. l. c. n. 15.

Buteo Ionston. Av. pag. 16. Tab. XI.

Crainisch Kaine. Ital. Poiana.

U. Z. Schnabelerhöhung und Füsse sind gelb.
Der Leib ist unten röthlicht, mit länglichten
grau braunen Flecken. Die ersten 4. Flügel=
federn sind unten über die Helfte schwarz und
ohne Binden.

aus E. E. Ist hin und wieder in Crain anzu=
treffen.

Er ist so groß als eine Henne, sieht graubraun,
und hat oben her weißlichte Federn mit dreyeckt
bräunlichten Spitzen. Die Zunge ist vorne
rund und etwas gesäumet. Der Schwanz hat
Querbinden.

Dieser Vogel besuchet die Zäune, Hügel und
Wiesen, hat eine zischende Stimme, flieget lang=
sam, machet im Auffliegen runde Wirbel, und
nähret sich von Mäusen und Vögeln. Ein jun=
ger wiegt 9. Pfund.

5) **Der Wannenweher, Windwahl,**
lat. Falco, Tinnunculus.

Der Falk mit bleichgelber Erhöhung des Schna=
bels und dergleichen Fängen, fuchsrothen Rü=
cken mit schwarzen Punkten, länglichten fahlen
Flecken auf dem Leibe, und runden Schwanze.
Linn. l. c. n. 16. Kram. l. c. n. 15. Tinnun=
culus mas et foemina Ionston Av. p. 15. Tab. VIII.

A 3 Crai=

I. Ordnung,

Crainisch Postoka, Splinza, Skoltsch.

Ital Falchetto. Gambinello.

U. Z. Die Schnabelerhöhung, Füsse und Augenwimpern sind gelb. Die Zunge hat braungraue Binden. Der Schwantz ist an der Spitze schwarz, die Dickbeine sehen rostfarbig.

aus E. C. und in Crain ist er nicht selten, der Steiß ist rostfarben und ohne Flecken. Die Flüg.l oben von eben dieser Farbe, und mit grau braunen dreyeckigten Flecken gesprenkelt. Die Schwingfedern haben auf einer Seite weisse Flecken, die Schwanzfedern aber an einer Seite schwarze, 4. bis 5. an der Zahl. (d)

Er schwebt öfters ganz unbeweglich in der Luft, als ob er seine Beute bewundere. Nach dem Regen besucht er die Felder und reiniget sie von Mäusen, daher er von den Landleuten geliebet wird.

6) Der Sperber, Finkfalke, Sprinz.

lat Falco, Nisus.

Der Falk mit grünlichter Erhöhung des Schnabels, blaßgelben Füssen, weisser Brust, mit braungrauen Wellenlinien und einem Schwanze mit schwärzlichten Querbinden. Linn. l. c. n. 31. Krain l. c. n. 16.

Acci-

---

d) In Obersachsen heisset er: Das Rötelgeyerlein. Er ist nicht grösser als ein Kuckuk, raubt nur kleine Vögel und nähret sich von Heuschrecken und Käfern. G.

Habichte, Accipitres.

Accipiter fringillarius. Nifus. Ionſton. Av. pag. 14. Tab. VIII.

Falco fringillarius. Klein. Hiſtor. av. p. 100. n. XXIII. (e) Ital. Sparaviere.

U. Z. Eine gelb grünlichte fleiſchigte Erhöhung des Schnabels und blaßgelbe Fänge. Der Leib iſt von unten weiß mit braungrauen Querflecken. Der Schwanz hat vier braungraue Querbinden.

aus E. C. und findet ſich auch ſonſt in bergigten Gegenden des Herzogthum Crains.

Er iſt ſo groß als eine Taube, die Dickbeine ſind mit langen weiſſen, in die Quere braungrau geſtreiften Federn bedeckt.

Alle Falkenarten reinigen das Land von Schlangen, Kröten und Mäuſen, verſcheuchen die Hühner von denen Feldern und machen die Hirten und Vogelſteller vorſichtiger. Es iſt alſo nichts in der Natur unnütz. (f)

e) Herr Kleins Finkenfalk, der in Thüringen ſehr oft anzutreffen iſt, hat am ganzen Unterleibe vom Schnabel an, ſtrohgelbe und weiſſe abwechſelnde Querſtriche und iſt folglich von dem gegenwärtigen Sperber, deſſen Unterleib braungraue Querſtreiffen hat, ganz unterſchieden. Dahero paſſet das Kleiniſche allegatum nicht auf dieſe Num. 6. G.

f) Da der Herr Auctor nicht mehr denn ſechs Falkenarten beſchreibt; So iſt dieſes eine ſehr geringe Anzahl, und es iſt zu glauben, daß es im Herzog=

I. Ordnung,

Eulen=Geschlecht, lat. Strix Linn. Syst. Nat. p. 131.

Ein Vogel der in der Nacht herum schwärmet, mit krummgebogenen Schnabel, der aber hinten keine fleischigte Erhöhung hat, sondern nur mit porstenartigen Federn bedecket ist. Er hat grosse Augen damit er bey Tage nicht sehen kann, (g) und die mit einem eigenen Knorpel umgeben

zogthum Crain weit mehrere Arten gebe. Weil aber dieselben noch nicht in dem Cabinet des Verfassers befindlich gewesen; so sind sie deswegen vermuthlich nicht angeführet worden. Wir können in unserer kleinen Vogelsammlung bereits zwanzig Falkenarten, alle aus Thüringen, aufweisen, deren Beschreibung wir vielleicht in kurzen, in einem systematischen Verzeichniß unsers Cabinets, durch den Druck bekannter machen werden. Man kann überhaupt in deutlichen Beschreibungen derer Raubvögel nicht zuviel thun, wenn man endlich die, durch eine griechisch lateinische Sprachkunst undeutlich gemachte, durch unzulängl. Beschreibungen aber, wenig entwickelte Arten, eines Aristoteles, Plinius, Aelians, Aldrovands ꝛc. näher kennen will, welche uns bey aller angewandten Mühe noch immer eine Zeitlang eben so undeutlich bleiben werden, als es in der Kräuterlehre, noch viele Pflanzen des Dioscorides sind. G.

g) Es ist zwar ausgemacht, daß alle Eulen bey Nacht gut sehen können, weil sie bloß des Nachts ihren Raub suchen; daß sie aber deswegen am Tage blind seyn sollen, ist in neuern Zeiten dadurch wiederleget worden, weil die Eulen die

bey

Habichte, Accipitres.

ben sind, weit aufstehende Ohren und mit wollichten Federn bedeckte Füsse.

7) Der Uhu, Buhu, Berghu.
lat. Strix, Bubo.

Die Eule mit einem gehörnten Kopfe und rothbraunen Körper. Linn. l. c. n. 1. Kram. l. c. p. 323. n. 1. Bubo Ionston. av. p. 42. Tab. XVIII. Meyer. Animal. 1. Tab. LXXXIV.

Crainisch Sova. Ital. Barbagiano.

U. Z. Ein gehörnter Kopf, der Körper ist eben so braunroth, wie an dem sogenannten Todenvogel, einem Nachtpapilion (Sphynx atropos) und hat braungraue Flecken.

aus E. C. hält sich in kalten Wäldern des Herzogthums Crain auf. Er ist der gröste unter allen Eulen die gleich folgen sollen, schreyet des Nachts fürchterlich, fängt Mäuse (h) und hat

bey Tage aus den Nestern gejagt werden, im hellen Mittage ihre Löcher in Felsen und Mauern eben so gut wieder zu finden wissen, als solches in der Nacht geschiehet. vid. Zorn. Petinotheolog. Part. II. pag. 259. Ich habe die Ohr-Eulen oft auf der Jagd aus dicken Büschen aufgetrieben und bemerket, daß sie, wenn ich auf ihren neuen Lagerplatz zugieng, sobald wieder aufstiegen, als sie mich von ferne gewahr worden. G.

h) Ausser denen Mäusen fängt der Uhu auch viele Haasen und Rebhühner, und ist denen Jagd-Revieren sehr schädlich. G.

hat schwarze Augäpfel mit einem goldgelben
Ringel. Die grau braunen Flecken sind länglicht.

8) Die Ohr=Eule, kleiner Schubut, Horn=Eule, lat. Strix, Otus.

Die Eule deren Ohren auf dem Kopfe aus
sechs Federn bestehen. Linn. l. c. n. 4. Kram. l. c.
n. 2.

Asio seu Otus. Ionston. Av. p. 43. Tab. XVIII.
doch ist der Kupferstich viel zu groß. Ulula,
Asio, Noctua aurita Klein. Hist. p. 105. n. 11.
Crainisch, Mala Sova.

U. Z. Jedes Federohr ist aus 6. Federn zusammen gesetzt, die an ihrer innern Fläche weiß
und graubraun geschäckt sind.

aus E. C. und hält sich um die Stadt Tybein
gern auf. Ist so groß als eine Taube, der
Leib ist braunroth, und graubraun gefleckt.
Die weisse Stirn ist mit braungrauen Punkten besprengt. Die 2. ersten Schwingfedern
sind sägeförmig gezackt. Die Dickbeine sehen
braunroth.

9) Die Wald=Eule. lat. Strix, Giu.

Die Eule deren Kopf kurze Ohren hat, mit
einem bunten Leibe, an dem die schwarze, weisse
und braungraue Farben in zarten wellen förmi-
gen Strichen durch einander lauffen. Kram. l. c.
p. 323. n. 3.

Crainisch Tshuk. Ital Civetta di Bosco Giu.

U. Z. Der Kopf hat kurze Ohren. Der Leib ist weißgrau und von schwärzlichten Querflecken und Strichen ganz bunt.

aus E. C. und ist in den Crainischen kältern Wäldern zu finden.

Ist fast so groß als das Käutzlein (Strix passerina n. 17.) die Ohren fallen zusammen, wenn der Vogel tod ist. Die Augäpfel sind schwarz und mit blaßgelb eingefaßt. Die Nasenlöcher stehen nur einer Linie weit von einander. Die sechs ersten Flügelfedern haben an einer Seite weißlichte Flecken. Der Schwanz ist braungrau und fleckigt. Dieser Vogel nistet in denen Spalten der Felsen und in holen Bäumen, und leget zwey bis vier weiße Eyer. Die Alten füttern ihre Jungen auch mit Meyenkäfern, deren Flügeldecken ich häufig bey dem Neste gefunden habe.

10) Die weißbunte Eule, lat. Strix nyctea.

Die Eule mit glatten oder ungehörnten Kopfe und weissen Körper mit braungrauen mondförmigen einander nicht berührenden Flecken. Linn. l. c. n 6.

Ulula alba maculis terrei coloris. Klein. Hist. p. 107. no. 5. die sie aber mit der schonischen Eule verwechselt.

Italiänisch Civettone bianco con ale machiate.

U. Z. Sie ist weiß, der Rücken und Flügel haben graubraune Flecken.

aus dem T. C. Ist so groß als ein Hahn und der Schnabel bey nahe ganz mit Federn bedeckt. Die meisten Schwanzfedern haben an der Spitze 2. braungraue Flecken.

11) **Die Maus-Eule**, lat. Strix, Aluco.

Die Eule mit glatten Kopfe, rostfarbenen Leibe und schwarzen Augenkreiß, deren vorderste Schwingfedern sägeförmig ausgezackt sind. Linn. l. c. n. 7.

Aluco Ionston. av. p. 46. Tab XIX.

U. Z. Sie hat eine blasse Rostfarbe die durch braungrau bunt gemacht wird. Um die Ohren sehen die Federn weiß.

aus dem T. C. Um die Augen ist sie rußfarben. Die Flugfedern sind fuchsroth mit braungrauen Binden.

Man findet zuweilen welche, da die Farbe des ganzen Leibes und die Dickbeine mehr weißlicht ist.

Herr Kramer verwechselt solche mit der Eule des Aldrovands. (ulula Aldrovandi)

12) **Die Knarr- oder zischende Eule,** lat. Strix, stridula.

Die Eule mit glatten Kopfe und rostfarbenen Körper, deren dritte Flügelfeder länger ist, als die übrigen. Linn. l. c. n. 9.

Strix Ionst. Av. p. 48. Tab. XIX.

U. Z. Sie ist rostfarbigt und hat länglichte braungraue Striche.

Habichte, Accipitres.

aus E. C. An Grösse kömmt sie einem Huhn bey. Der Kopf ist bey den Männlein mehr rußfarbigt.

13) Die Holz-Eule, oder wilde Eule, lat. Strix sylvestris.

U. Z. Der Kopf ist glatt und mit einem niedlichen Haarbusch oder Peruque gezieret. Der Körper weiß und braungrau gefleckt. Der Kreiß um den Augapfel hat eine graue Farbe.

aus E. C. Sie ist aus dem Herzogthum Crain, so groß als ein Hahn, und folglich von mittler Grösse. Der Schnabel hat eine blaßgelbe Farbe, von dem Ende des einen Ohres, gehet ein weisser dichter Federkreiß quer über die Stirne und reichet bis an den untern Theil des andern Ohres. Vielleicht ist dieses die 7te Eule des Kramers? wenigstens kommt sie in Ansehung der Grösse und des Kreisses um die Augäpfel, ziemlich mit derselben überein.

14) Die weisse Eule, lat. Strix alba.

U. Z. Sie ist unten her ganz weiß, von oben aber fuchsroth und graufleckigt. Schwing- und Schwanzfedern sehen fuchsroth.

aus E. C. und kommt von Friaul. An Grösse kommt sie bey nahe einer Henne bey, führet einen weissen Schnabel und auch eine schöne Perüque, die fuchsroth eingefasset ist. Die Brust, Bauch, Steiß und Dickbeine sind weiß. Die Schwanzfedern haben weisse Spitzen.

15) Die

14 I. Ordnung, Habichte, Accipitres.

15) Die Nacht=Eule, lat. Strix, Noctua.

U. Z. Sie ist blaß fuchsroth, mit braungrauen länglichten Flecken besprenget. Der Kreiß des Augapfels sieht blaßgelb.

aus E. C. Ist in Crain zu Hauß und hält sich häufig in denen Wäldern um die Stadt Labach oder Laubach auf. Sie hat die Grösse einer Taube.

16) Die fuchsrothe Eule, lat. Strix rufa.

U. Z. Der Leib ist rothfarbigt, mit grau braun geflecket. Der Kreiß des Augapfels sieht bläulicht.

aus E. C. Sie ist aus denen Wäldern um Idria zu mir gebracht worden, und hat die Grösse der vorigen.

17) Das Käutzlein, Hauß=Eule, Stock=Eule, lat. Strix passerina.

Die Eule mit glatten Kopfe, weißen Schwingfedern und 5. Reihen Flecken. Linn. l. c. n. 12. Kram. l. c. n. 6. Ital. Civetta

U. Z. Dienet zum Vogelfang, besonders derer Fliegenvögel. Nistet in Feuermäuern.

aus E. C. ist aus Italien. Dieser Vogel wird mit einem Riemen oder Strickgen an eine Stange gebunden, die auf ein Fußgestelle befestiget ist; Man kann ihn sodann auf die Erde niederlassen, und durch Besprengung mit Wasser dahin bringen, daß er freywillig auffliehet, und die kleinen Vögel anlocket, daß sie auf den Leimruthen gefangen werden können.

II. Ord=

II. Ordnung.

Elsterartige, lat. Picae.

Die hierher gehörige Vögel sind schwatzhaft, sie trinken, sind andern Vögeln nicht verhaßt, (i) haben einen starken Schnabel, nisten oben auf denen Bäumen (k) und nähren sich öfters aus dem Kräuterreiche. (l)

Neun=

i) Jedoch bemerket man: daß die Schwalben, Bachstelzen und andere kleine Vögel bey Erblickung einer Elster (corvus rusticus n. 41.) und des Kuckucks, ein grosses Geschrey erheben und mit Hauffen um sie herum fliegen.

k) Der Herr Auctor verstehet dieses vermuthlich nur von denen eigentlichen Raben, Krähen, Elstern und Hähern, denn die Dohle (corvus monedula n. 38.) nistet im Gemäuer und auf hohen Thürmen, die Mandelkrähe, (Coracias, Garrula n. 44.) in holen Bäumen, der Kuckuck (Cuculus, Canorus n. 48.) leget sein Ey in die Nester derer niedrig bauenden Fliegenvögel. Alle Spechte, in Löcher der Bäume, das Baumläuferlein bauet sein Nest zwischen die Rinden der Bäume und Reißighauffen, und der Eißvogel gar in die Erde. G.

l) Die Meynung des Verfassers kann hier nur auf die Raben, Krähen, Elstern, Häher und Papageyen gehen, als welche sich aus dem Kräuterreiche gröstentheils nähren. Dahingegen die übrigen Vögel dieser Ordnung, als der Kukuk,

alle

II. Ordnung,

Neuntödter Geschlecht. lat. Lanius.

Linn. Syst. nat. p. 134.

Der obere Theil des Schnabels hat bey seiner krummgebogenen Spitze auf beyden Seiten ein Zähnlein. Die Füſſe haben 7. auch bey einigen 4. und 5. Einschnitte oder Kerben.

18) Der groſſe Neuntödter, groſſer Dorndräher, lat. Lanius, Excubitor.

Der Neuntödter mit keilförmigen und auf beyden Seiten weiſſen Schwanze, weißgrauen Rücken und schwarzen Flügeln, die ein weiſſes Fleck haben. Linn l. c. n. 11.

Der blaulichte Ampelis mit schwärzlichten Flügeln und Schwanz. Linn. Faun. Svec. 181. Kram. l. c. n. 4.

Der groſſe aschgraue Neuntödter, Willugb. ornital. 53. Tab. 10. Klein. hist. av. p. 108. prodr. p. 53. Aldrovand. Ornithol. L. 5. p. 386. Lanius cinereus. Ionston. Av. p. 17. Tab. IX.

Crainisch. Velch, Srakoper.

Ital. Scavalcaccia gentile.

U. Z. Schwarze Flügel mit einem weiſſen Flecken und ein keilförmiger Schwanz.

aus E. C. Ein Vogel der im Gebürgen des Herzogthums Crain einheimisch ist.

Die

alle Spechte, der Wiedehopf und Bienenfraß alle, nur Inseckten speiſſen, der Eißvogel aber bloß von Fischen lebet. S.

Die erste Schwanzfeder ist bald ganz, bald aber nur an der Spitze weiß.

19) **Der kleine Neuntödter, Dorndräher,** lat. Lanius, Collurio.

Der Neuntödter mit etwas keilförmigen Schwanz, einfärbigten 4. mittelsten Schwanzfedern und bleyfarbnen Schnabel. Linn. l. c. n. 12.

Der ampelis mit grauen Rücken und einem länglichten Flecken, bey denen Augen. Linn. faun. Svec. 180. Tab. 2.

Krain. l. c. n. 2.

Collurio Ionston. Av. p. 17. Tab. XI.

Crainisch mali Srakoper.

Ital. Scavalcaccia ordinaria.

U. Z. Er ist so groß wie der Wendehalß, der äussere Rand derer letztern Schwingfedern ist rostfarben, der Rücken ist aus aschgrau und rostfarben gesprenkelt.

aus E. C. und ist auch sonst hin und wieder in Crain anzutreffen. Es ist einiger Unterschied zwischen Männlein und Weiblein. Er fängt Inseckten, wackelt mit dem Schwanze und wenn er gefangen ist, so macht er ein knarrendes Geschrey. Er wird von eigenen Läusen geplagt. (Entomol. Carniol. 1037. 1061.) kömmt im May an und geht im September wieder fort, wird in Schlingen gefangen und wenn er noch jung ist, so geht er auf das Käutzlein.

II. Ordnung,

20) **Der Seidenschwanz, das Böhnlein,** lat. Lanius Garrulus.

Der Ampelis mit einer Crone hinten am Kopf, und Flügelfedern, die gefärbte heutige Spitzen haben. Linn.l.c p.297. Meyer.animal. I. Tab.LXX.

U. Z. Ein Kopf mit der Haube, die 5. kürzern Flügelfedern haben am Ende eine spitzige Zinnoberrothe und glänzende Schuppe. Der Schwanz ist schwarz und an der Spitze hellgelb.

aus E. C. Er hat einen schwarzen Strich, der vom Genicke an, bis an den Schnabel reichet, in welchen die Augen stehen. Der Kopf ist blaß, castanienfarben. Die Kehle schwarz. Die Brust und Bauch haben einerley Farbe. Die ersten Flügelfedern sind schwarz und haben einen gelben Flecken, der zuweilen mehr weißgelb ist, und gegen die Spitze der äussern Seite zugespitzt ausfällt. Die kürzern Flügelfedern sind in gleicher Gegend mit einem weissen Flecke bezeichnet. Der Steiß ist fuchsroth. Die Füsse sind kürzer, als die Haube am Kopfe. Der Schnabel ist dem Neuntödter und die Nasenlöcher der Meise ähnlich. Im Fluge gleichet er dem Staar, und nähret sich wie die Krammetsvögel. Welches alles das Geschlecht dieses Vogels noch immer zweifelhaftig machet, der sonsten sehr zahm ist. Er lebt von Wacholderbeeren, welche er halb verdauet, aus seinem eigenen Kothe wieder hervor suchet und verschlinget.

Elsterartige, Picæ.

Papagey, lat. Psittacus. (m)

Linn. Syst. Nat. p. 139.

Dieses Vogel-Geschlecht hält sich haufenweiß zusammen. Es ist schwatzhaft, aufmerksam, gelehrig und pranget mit denen allerschönsten Farben. Die Füsse haben vorn zwey Zähen und eben soviel hinten hinaus. Der Schnabel ist sehr dick und vorn krumm gebogen, womit der Vogel an denen Bäumen solange auf und ab klettert, bis sie endlich hierdurch von ihrer Rinde entblöset werden, und absterben.

* mit einem langen Schwanze,

21) **Der rothe Papagey von der ersten Grösse, mit himmelblauen Flügeln und Schwanze**, lat. Psittacus, Macao.

Der langschwänzigte rothe Papagey, mit oben himmelblauen und unten rothen Schwingfedern und nackenden gerunzelten Backen, Linn. l. c. n. 1. U. Z. Er ist roth. Die ersten Flügelfedern sind blau, die darauf folgenden aber gelbgrüne.

Die

m) Es wäre zu wünschen, daß der berühmte Herr Ritter von Linne die Papageyen nicht unter die Elstern gesetzt hätte. Weder der Bau ihrer Füsse, noch ihr ganz eigen gebauter Schnabel, noch ihre Anlage zum Nestern, noch ihre übrige Eigenschaften haben eine Aehnlichkeit mit denen Vögeln aus der Elster-Ordnung. Sie verdienen dahero billig eine ganz eigene Classe. G.

II. Ordnung,

Die ersten 4. Schwanzfedern sehen blau und die mittelsten roth, mit einer längl. blauen Spitze.

aus dem K. T. und T. C. Der Unterschnabel ist schwarz. Die Backen sind nackend und haben verschiedene einfache, ästigte mit Federn bewachsene Querstriche. Der Anfang der Flügel sieht roth, ingleichen der Schwanz von unten.

Herr Iaquin (n) versichert, daß er in America Gonzalo genennet werde.

22) **Der Papagey mit dem grünen Scheitel und** lasur blauen Schwanze, lat. Psittacus Ararauna.

Der langschwänzigte, oben himmelblaue Papagey, mit nackenden Backen, welche mit Federn bewachsene Querlinien haben. Linn. l. c. n. 3.

U. Z.

n) Dieser Herr Iaquin heisset Nicol Joseph, und ist dermahlen Kayserlicher Königlicher Rath bey dem Berg und Münzamt in Nieder Ungarn, und Professor der Scheidekunst, wie auch der Steyermärkischen Gesellschaft Mitglied. Er hat sich verschiedene Jahre in America aufgehalten, und ist ein grosser Naturkündiger. Seine schönen botanischen Bemerkungen die uns mit vielen neuen ausländischen Pflanzen bereichern, theilet er uns noch immer mit, und machet hierdurch seine Verdienste und seinen Ruhm unsterblich.

U. Z. Er ist oben blau, unten aber gelb und hat ein schwarzes Halßband. Die Backen haben schwarze mit Federn bewachsene Querlinien.

aus dem T. C. Der Schnabel sieht schwarz, die Stirn gelbblau. Flügel und Schwanz von unten gelb. Der Bürzel himmelblau. Die Dickbeine pomeranzen farbigt. Die mittelsten 2. Schwanzfedern sind anderthalb Schuh lang. Diesen beschreibt Aldrovand. ornithol. L. II. C. 2 unter dem Nahmen Psittacus maximus cyanocroceus, von welchen ihn Ionston entlehnet, allein auf dem Bilde sind die 5. bis 6. unterbrochene Backenlinien nicht ausgedrucket.

23) Der grüne Papagey mit unten rothen Flügeln und Schwanze
lat. Psittacus Severus.

Der langgeschwänzte grüne Papagey mit nackenden Backen und himmelblauen Flügel und Schwanzfedern, die unten purpurfarben sehen. Linn. l. c. n. 6.

U. Z. Er ist ganz grün, die ersten 6. Schwingfedern sind himmelblau, die Schwanzfedern aber haben nur eine himmelblaue Spitze.

aus dem T. C. Er hat die Grösse eines Waldhähers, glatte Backen, durch welche mit Federn besetzte Linien lauffen und einen schwarzen Schnabel. Der Rand derer Flügel ist grün, deſſen mittelſte Federn die Länge eines halben Fuſſes haben. Die Dickbeine ſind mit röthlichten Federn eingefaßt.

24) Der groſſe grüne Papagey mit rothen Schultern, lat. Pſittacus Nobilis.

Langſchwänzigter grüner Papagey mit nackenden Backen und ſcharlachfarbenen Schultern, Linn. l. c. n. 5.

Der grüne Papagey mit innewendig blau, roth und gelben Flug und Schwanzfedern Kram. El. p. 332. n. 3. Pſittacus viridis coſta alarum Superne rubente Aldrov. ornith. L. II. C. 5.

Ionſton. av. p. 30. Tab. XIV.

U. Z. Er iſt grün, hat ſcharlachrothe Schultern und die Schwanzfedern ſehen an der innern Seite etwas unter die Helfte ſcharlachroth.

aus den K. T. und T. C. Hat die Gröſſe einer Krähe, einen hornfarbenen Schnabel, gelben Kopf, und einen grün und gelb bunten Nacken. Die Schwingfedern ſind an einer Seite ſchwärzlicht und an der andern blau.

25) Der grüne Papagey mit gelben Kopfe, Halß und Schenkeln, lat Pſittacus carolinenſis.

Lang geſchwänzter grüner Papagey mit leimgelben Kopf, Halß und Knien. Linn. l. c. n. 13.

U. Z.

U. Z. Er ist grün, der Kopf, Kehle, die Schultern und Schenkel sehen gelb.

aus dem T. C. Hat die Gröſſe des vorigen, oder ist wenigstens nicht viel kleiner. Der Schnabel fällt ins Weißlichte, und hat einerley Farbe mit der Stirn. Die Federn des Leibes haben an der Spitze einen schwarzen Rand. Die ersten Schwingfedern sehen schwärzlicht und an einer Seite braunblau, die darauf folgenden aber sind an der auswendigen Seite scharlachroth mit einer himmelblauen Spitze. Der Schwanz ist ein wenig unter die Helfte grün, im übrigen aber grüngelb.

Zuweilen sind die Backen und Stirn zugleich gelb. Der Papagey aus Carolina den Seligmann auf der 22ten Platte vorstellet, ist nicht mit dem unsrigen einerley.

26) Der grüne Papagey mit rothen Halße und Brust, lat. Psittacus Alexander.

Der langschwänzigte grüne Papagey mit rothen Kragen und Brust und schwarzer Kehle. Linn. l. c. n. 14.

Psittacus torquatus macrourus Ionston. Av. p. 32. aus dem Aldrovandes.

U. Z. Ist grün, hat ein rothes Halßband und einen grossen rothen Flecken zu Anfange jedes Flügels.

II. Ordnung,

aus dem T. C. Er ist so groß als der Waldhäher, hat einen rothen Schnabel, dessen oberer Theil an der Spitze ins Gelbe fällt. Die Kehle sieht schwarz, von welcher 2. schwarze Striche auslaufen, die sich bis an den rothen Kragen, welcher den hintern Theil des Halses einnimmt, erstrecken. Auf denen Flügeln und an der Brust ist die grüne Farbe höher als an denen übrigen Theilen, die mittelsten Schwanzfedern haben bey nahe die Länge eines Schuhes. Die Füsse sind braungrau.

27) Der grüngelbe Papagey mit blauer Stirn und rothen Schultern, lat. Psittacus Formosus.

U. Z. Er ist grüngelb. Die Stirne himmelblau und der Nacken nebst dem Anfange derer Flügel scharlachroth.

aus dem T. C. Von der Grösse einer zahmen Taube. Uiber Brust und Bauch laufen graubraune Qverstriche. Die Schenkel sind an der Spitze gelb, zwey Schwanzfedern aber durchaus scharlachroth.

28) Der kleine gelbe Papagey mit blau grünen Flügeln, lat. Psittacus Merulinus.

U. Z. Er hat eine gelbe Farbe. Die Schwing oder Flugfedern sind blaugrün. Die Stirn, Schläfe

Schläfe und Bauch sind von einer Röthe durchdrungen.

aus dem K. T. Von der Grösse der Amsel. Um die Augen ist die Haut eisengrau und nackend. Wenn er einen Menschen ansichtig wird, so schreyet und knarret er ohne Unterlaß, und läßt nicht eher nach, bis derselbe weggegangen.

29) Der kleine grüne Papagey mit schwarzen Schnabel, lat. Psittacus Krameri.

Grüner Papagey dessen Schwanz so lang ist als der Körper Kram. l. c. n. 4.

U. Z. Er ist von der Grösse einer Amsel, durchaus grün, mit einen schwarzen Schnabel, der am Grunde röthlich wird. Die äussern Schwanzfedern sind länger und gebogen, mit einer himmelblauen Spitze.

aus E. C. Ist mir von dem Herrn Baron von Brigido überschickt worden, vielleicht ist dieses der Psittacus canicularis Linnei?

** Mit kurzen Schwanze.

30) Der aschgraue Papagey mit rothen Schwanze, lat. Psittacus Erithacus.

Kurzschwänziger grauer Papagey mit weissen Schläfen und scharlachrothen Nacken. Linn. l. c. n. 24.

Aschgrauer Papagey, mit keilförmigen hochrothen Schwanze. Kram. l. c. n. 2.

Psittacus cinereus Ionston. Av. p. 32. Tab. XV. aus dem Aldrovand.

U. Z. Er ist fahl aschgrau. Die Flug= oder Schwingfedern schwarz, der Schwanz scharlachroth.

aus dem T. C. Hat die Grösse vom Psittacus formosus num. 27. Einen schwarzen Schnabel und nackte Backen. Die Federn des Kopfs, Halses, der Brust und des Bauches sind um den Rand weißlicht. Der Rücken aschgrau mit bräunlichten von einander entfernten Linien. Der Bürzel und die Schenkel sehen weißlicht. Die Federn unter dem Schwanze aber scharlachfarben.

31) **Der rothe Papagey mit aschfarbenen Kopfe,** lat. Psittacus ruber.

U. Z. Er ist roth und weiß, hat nackente Backen und einen scharlachrothen Schwanz.

aus dem T. C. Der Kopf ist aschgrau. Auf der Brust hat er zwey grau braune Federn, die vordersten Schwingfedern sehen braungrau.

Vielleicht kann dieses eine Abartung von dem vorher gehenden seyn, weil die Papageyen, wenn sie unter einem andern Himmelsstriche wohnen,

und

und im Vogelbauer eingeschlossen sind, ihre Farben zuverändern pflegen. (o)

32) Der grüne Papagey mit einem rothen Huth und Stirn, lat. Psittacus Pileatus.

U. Z. Sieht grün, und auf dem Wirbel und Stirn scharlachroth.

aus dem T. C. Er ist von der Gröſſe des Mistlers oder Schnarrdroſſel. Die Backen sind nackt, der hornfarbne Schnabel, am Grunde braun, die Schwing und Schwanzfedern an ihrer äuſſeren Seite blau, an der innern aber schwarz. Der Bürzel ist gelbgrün. Vielleicht ist dieses eine Nebenart des Psittacus Brasiliensis Linnei?

33) Der

o) Diese Anmerkung scheinet nicht ungegründet zu seyn, weil uns die Erfahrung lehret, daß unsere europäische Finkenarten, und die meisten dahin gehörigen Vögel mit dicken Schnäbeln, bloß durch lange Gefangenschaft, ihre Farben ganz abändern. Ich besitze in meiner Sammlung einen kohlschwarzen Gympel, der vorhero schön roth war, einen schwarzen Hänfling und einen schwarzen Stieglitz, an dem auch sogar die hochrothe Farbe an der Stirn, und das schön Gelbe auf denen Flügeln, in schwarz verändert worden. Alle diese Vögel habe ich vorhero in ihrer natürlichen Pracht gesehen, und bin also gewiß, daß sie bloß durch ihre Gefangenschaft, und durch das einförmigte Futter mit Hanfsaamen, ihre schwarze Farbe erhalten haben. G.

33) **Der grüne Papagey mit dunkel blauen Kopfe,** lat Psittacus Cyanocephalus.

U. Z. Er sieht grün. Kopf und Halß blau und braun sprenklicht. Die Federn unter dem Schwanze scharlachroth.

aus dem T. C. Ist von der Größe des Kernbeissers, der Oberschnabel sieht schwarz, die Schwanzfedern aber an ihrer innern Seite etwas unter die Helfte roth.

Vielleicht ist dieses der Psittacus menstruus Linnei?

34) **Der kleinste grüne Papagey mit rother Stirn und Kehle,** lat. Psittacus Pullarius.

Der kurzschwänzige grüne Papagey mit rother Stirn und gilblichten Schwanze mit schwarzer Binde, Linn. l. c. n. 35.

U. Z. Er ist so groß als der Creutzvogel, oder Krummschnabel, (loxia) am Steisse sieht er himmelblau, der Schwanz hat an der Spitze eine schwarze Binde.

aus dem T. C. Die Farbe sieht grün, so etwas ins Gelbe fällt. Der Schnabel blaßgelb. Der Schwanz ist kürzer als die darauf liegenden Federn. Uiber der schwarzen Binde am Schwanze, steht eine andere scharlachrothe, die viermahl breiter ist.

Das

Elsterartige, Picæ.

Das Weiblein hatte in eben diesem Cabinet einen gelben Halß und die Federn auf der Brust braungraue Streifen.

Raben=Geschlecht, lat. Corvus.
Linn. Syst. Nat. p. 155.

Dieses Geschlecht hat einen starken und wie ein Messer schneidenden Schnabel, der am Grunde mit porstenartigen Federn bedecket ist. Eyrunde Nasenlöcher, eine getheilte Zunge, und an denen Beinen 9. oder doch wenigstens 5. bis 6. Einschnitte oder Kerben.

35) Der größte Rabe, lat. Corvus maximus.

Corvus omnium maximus Aldrovandi ornith. L. 12. C. 1.

Corvus Jonston. Av. p. 33. Tab. XVI. die äusserste Figur.

Crainisch Velch Oru. Ital. Corvo grande.

U. Z. Der Oberschnabel ist an der Spitze krumm gebogen, und hat an jeder Seite ein Zähnlein, an der Wurzel aber einen Rand.

aus E. C. Dieses ist der allergrößte Rabe, der im Gebürge und in einsamen Orten wohnet, nistet in denen Ritzen unersteiglicher Felsen, und hat eine heischere und unangenehme Stimme. Im Sommer hält er sich zwar auf hohen Gebürgen auf, im Winter aber besucht er die

die niedrigen Ufer der Flüsse. Wenn er stehet, so ist sein Schwanz nicht länger als die Flügelfedern. Dieses ist der Corvus Corax Linnei, dem allein die Stimme (coron coron) eigen ist. (p)

36) **Der gemeine Rabe, schwarze Krähe,** lat Corvus vulgaris.

Der schwarze Rabe. Kram. El. p. 333. n. 2. Klein. Hist. Av. p. 111, n. IV. 1.

Corvus Meyer. Animal. Tab. XCIX.

Crainisch Oru. Ital. Corvo ordinario.

U. Z. Der Oberschnabel hat an der Wurzel keinen Rand und auch keine krummgebogene Spitze.

aus E. E. ist auch hin und wieder in Crain anzutreffen.

Er unterscheidet sich von dem vorhergehenden, daß bey dem stehenden Vogel das äussere derer Schwanzfedern länger ist, als die Flügelfedern,

p) In Thüringen und Obersachsen wird er der Kulkrabe, von seiner Stimme, Kulk, Kulk, und auch der Goldrabe, weil die schwarze Farbe gegen die Sonne ins Stahlblaue, Grüne und Goldene spielet, genennet. Er ist mehr als noch einmahl so groß wie der gemeine schwarze Rabe, oder die schwarze Krähe, nistet bey uns gar nicht, und kommt nur sehr selten im Herbst und Winter zu uns. Er kann zum sprechen abgerichtet werden. Ich habe einen gesehen der sehr deutlich öfters rufte: **wer da!** G.

dern, auch ist er an der Grösse, Schnabel, Stimme und andern Eigenschaften verschieden, und kann auf keine Weise vor eine Nebenart der Krähe gehalten werden. Dieser ist des Linnei Corvus Coron.

37) **Grau bunte Krähe**, lat. Corvus Cornix.

Der graue Rabe, mit schwarzen Kopf, Kehle, Flügeln und Schwanz, Linn. l. c. n. 5. Kram l. c. n. 3. Cornix cinerea Klein. l. c. n. 2. Corniz Jonston. ibid. Tab. XVII.

Crainisch Urana. Ital. Cornacchia.

U. Z. Ist aschgrau. Kopf, Flügel und Schwanz aber schwarz.

aus E. C. Im Herzogthum Crain ist er ein Feind der Felder, weil er das Getraide verheeret.

Dieser Vogel hält sich in Schaaren zusammen. Im Sommer nistet er auf Bäumen. Im Herbst wandert er von einem Orte zum andern. Im Winter kömmt er an die Landstrassen. Er kann Haare verschlucken und wird von eigenen Läusen geplagt. (q)

38) Die

q) Es ist anmerkungs werth: daß diese Krähe in Thüringen sich nicht allenthalben finden lässet, sondern einige Oerter besonders liebet. Am Saalstrohme ist sie eine Seltenheit, und wird nur einzeln, zuweilen im Winter unter denen schwar-

II. Ordnung,

38) Die Dohle oder Thole lat. Corvus Monedula.

Der schwarz braune Rabe mit grauen Hinterkopfe, schwarzer Stirne, Flügeln, und Schwanze. Linn. l. c. n. 6. Graculus Jonston. Av. p 36. Tab. XVI.

U. Z. Ist schwärzlich, sonderlich an der Stirn, Scheitel und Kehle. Der Hals sieht vom Genick an, bis an den Rücken schwärzlich aschgrau.

aus dem T. C. (r) An dieser Art ist der Unterschnabel nicht gerad wie bey andern Raben, sondern aufwärts gebogen.

39) Der schwarzen Krähen entdecket. Dahingegen an der Unstrut und um Frankenhausen, ganze Schaaren derselben auf denen frisch geackerten Feldern, sonderlich im Herbste anzutreffen sind, unter welchen sich die schwarzen Krähen, gleichfalls nur einzeln, und selten sehen lassen. Sie wird in denen Gegenden der Saale, der Mehlrabe, auch zuweilen die Nebelkrähe genennet. S.

r) Da der Herr Auctor die Dohle nur in dem Turrianischen Cabinet gesehen, und folglich nicht selbst besitzet, auch sonst sehr wenig von ihren Eigenschaften anmerket; So lässet sich daraus schlüssen! daß sie im Herzogthum Crain selten sey, und mehr den nordlichen, als südlichen Theil von Europa bewohne. Denn sie hält sich in Obersachsen und Thüringen, sonderlich aber in der Gegend des Saalstrohms häufig auf. Wenn es im Winter schneyet, fliegt sie in Schaaren, zu tausenden versammlet, durch die Luft

Elsterartige, Picæ.

39) **Der Waldhäher, Nußhäher, Holzschreyer**, lat. Corvus glandarius.

Der Rabe mit himmelblauen Deckfedern der Flügel, welche weiß und schwarze Querstriche haben, und rostfarbenen Körper. Linn. l. c. n. 7. Kram. l. c. n. 7.

Pica glandaria Ionston. Av. p. 39. Tab. XVII.

Crainisch. Schoia. Schoga. Ital. Gaza.

U. Z. Ein schwarzer Strich, der vom Schnabel, auf beyde Seiten hinläuft. Die Deckfedern der Flügel sind weißlicht himmelblau, und haben öfters auf einander folgende schwarze Binden.

Luft, und machet ein durchdringendes Geschrey Gäk, Gäk. Weshalber sie auch bey uns Schneegäke genennet wird. Jedoch kann man nicht sagen, daß sie wegziehe, wie Herr Zorn in Petinotheol. meynet, weil sie das ganze Jahr über, bey uns anzutreffen, und im Winter auf denen Miststäten und Landstrassen, unter den schwarzen Krähen zu finden ist. Sie liebet einige Gegenden besonders, und nistet dahero nicht allenthalben. In der Stadt Cahla an der Saale brüthet sie zu hunderten, in denen Löchern des Kirchthurms, und der Stadtmauer, auch sogar in denen Taubenhölern derer, dem Thurme nahe liegenden Häuser; dahingegen in Jena, Rudolstadt, und Saalfeld, welche alle auch am Saalstrohme liegen, nicht eine einzige brüthet. Bey Naumburg nistet sie häufig in holen Bäumen. Ihre Eyer 5. 6. an der Zahl, sind schön meergrün mit kohlschwarzen Flecken. G.

Aus E. C. Der Schnabel und Schwanz sehen schwarz, die Kehle weiß, Halß und Rücken röthlich, die Schwingfedern schwärzlicht und an der äußern Seite weißlicht, der Bürzel weiß. Er macht ein Geschrey, lebet von Kirschen, Eicheln und Nüßen, sucht auf denen Haselstauden nur die guten aus, trägt selbige im Schlunde davon, und speyet sie in gewiße Behälter, damit er im Winter Speise habe.

40) **Der Nußbrecher, Nußkrähe,**
      lat. Corvus Caryocatactes.

Der braune, mit weißen Punkten bezeichnete Rabe, mit schwarzen Flügeln und Schwanze, weißen Spitzen an denen Schwanzfedern, und abgeriebenen Enden derer mittelsten Federn im Schwanze. Linn. l. c. n. 10.

Der Rabe mit schwarzen Flügeln, Schwanz, Füssen und Schnabel, und braunen Rumpf, der ausser dem Scheitel mit weissen Flecken punktiret ist. Kram. l. c. n. 5.

Pica nucifraga. Klein. Hist. Av. p. 116. n. IV.

U. Z. Ein brauner, mit eyförmigen weißen Fleckgen, gesprenkelter Körper. Weiße Federn unter dem Schwanze, und schwarze Schwanzfedern mit weißen Spitzen.

Aus E. C. ist in Crain einheimisch. (s) Er ist so
groß

s) Da dieser Vogel in Crain einheimisch ist; so ist zuvermuthen, daß er auch daselbst brüthe, und folglich

schwarzen Schwanzfedern sind an denen Spitzen mit einem kleinen Fleckgen bezeichnet.

41) Die Elster, lat. Corvus rusticus.

Der weiß und schwarzfleckigte Rabe mit keilförmigen Schwanze. Linn. l. c.
Pica rusticorum Klein. Hist. av. p. 114. n. 1.
Pica Ionst. Av. p. 39. Tab. XVIII.

Crainisch Praka.   Ital. Gaza dominicana

U. Z. ist weiß und schwarz bunt und hat einen langen Schwanz, dessen zwey mittelste Federn länger sind als die übrigen (t)

Aus folglich unter diejenigen gehöre, die sich mehr in dem südlichen Europa, als in dem nordlichen aufhalten. In Sachßen und Thüringen ist er selten, brütet daselbst gar nicht, und kömmt nur alle 4. 5. bis 6. Jahre zu uns, da er sich denn schon in der Erndte Zeit einstellet, den reifen Hanf anfällt und deßen Körner begierig verschlucket. Er scheinet nicht allzuverschlagen zu seyn, denn er wird öfters auf denen, zum Austrocknen im Felde, aufgestellten Hanfbündeln, in grossen Sprenkeln, welche man zu diesem Endzweck um die Hanfbündel herum hänget, in ziemlicher Anzahl gefangen. G.

t) In unserer Sammlung besitzen wir eine ganz weisse Elster, daran auch sogar Schnabel und Füße weiß sind. Sie flog anno 1765. bey dem

aus E. C. hält sich häufig in Crain auf. Dieser Vogel liebet die Strohdächer und Bauerhütten, sucht auf den Rücken der Saumütter die Läuse auf, wackelt mit dem Schwanze, läßt sich mit öftern Gewäsche hören, stiehlt gern und verbirgt sein geraubtes. Er lebt mit Hühnern und Finkenarten gesellschaftlich.

Einfältige Leute suchen in dem destillirten Elsterwasser ein grosses Geheimniß für die fallende Sucht, weshalber es auch noch, nebst andern eckelhaften Mischmasch unnützer Dinge, in denen Apothecken geduldet wird.

Der Nahme einer Classe oder Ordnung kann nicht Specifique seyn.

Raben ähnliche Vögel, lat. Coracias.

Linn. Syst. natur. p. 159.

Dieses Geschlecht hat einen scharfen, wie ein Meßer schneidenden, gebogenen Schnabel, der aber am Grunde mit keinen Porstenfedern bedecket ist.

42) Coracias Xanthornus.

Der gelbe Coracias mit schwarzen Kopf und vordersten Schwingfedern Linn. S. N. XI. n. 6.

U. Z.

zugleich ausgebrüthet worden. Dergleichen raren Vogel hat Wormius in Museo beschrieben pag. 293. und Herr Klein in prodrom. §. XXVIII. pag. 58. meldet: Daß er in Schlesien und Dreßden weiße Elstern bemerket. G

U. Z. Der Kopf, Flügel, Schwanz und Rücken
sind schwarz, die Augenringe, Brust, Bauch
und Bürzel sehen gelb, und die 2ten Flü=
gelfedern weiß.

aus dem K. T. in welchen er durch dem berühm=
ten Herrn Iaquin lebendig geliefert worden.

Er ist so groß als die Amsel. Die Haut
um die Augen ist nackent und eisengrau, die Aug=
äpfel schwarz, der Schnabel gerade, schwarz, und
sehr spitzig, da, wo er am Kopfe steht, fällt er
aus dem Eisengrauen ins Aschgraue. Die
Kehle ist schwarz. Ein sehr hurtiger, sehr zor=
niger und so kühner Vogel, daß er auch Men=
schen anfällt. Wenn er böse gemacht wird, so
schreyet er, und hackt mit ausnehmender Ge=
schwindigkeit mit dem Schnabel. Er tödtet die
kleinen Vögel, und wird in Amerika, zu tilgung
des Gewürms in denen Häusern gehalten. Er
eröffnet mit dem Schnabel das Gespinste derer
Phalänen und sucht die Puppen heraus. Herr
Iaquin hielt ihm gefangene Fliegen in der Hand
vor, worauf der Vogel den Schnabel in die zu=
gemachte Faust steckte, solche durch Auffsperrung
desselben, von einander wägete, die Fliegen an=
sahe und mit wunderbaren Fleiß, eine nach der
andern heraus zog.

43) Der Cartagenenser, lat. Coracias Cartagenensis.

U. Z. Der Kopf ist schwarz, die Kehle weiß,
Brust, Bauch, und Bürzel gelb. Die Flügel

und der Schwanz fuchsroth, mit schwarzen Flecken.

aus dem K. T. in welchen er von dem berühmten Herrn Iaquin aus Cartagena gesendet worden.

Er ist so groß als die Golddrossel oder Bierhold. Der Schnabel schwarz. Von der Wurzel des Oberschnabels geht ein weisser Streif bis an den Nacken. Der Rücken ist grau braun, und fuchsroth gesprenkelt. Dieser Vogel machet ein Geschrey. Mehr konnte ich an dem lebendigen weil er sehr unruhig war, nicht bemerken.

44) Die Mandelkrähe, Birkhäher, blaue Krähe, lat. Coracias garrula.

Der himmelblaue Coracias mit röthlichten Ringen und schwarzen Schwingfedern. Linn. l. c. n. 1. Der blau grüne Coracias mit rothgelben Rücken Kram. El. p. 334. n. 6.

Garrulus Argentoratensis Aldrovandi Ornith. L. 12. C. 15.

Cornix cerulea Ionston. Av. p. 36. Tab. XVII.

U. Z. Ein blaßblauer Kopf, rostfarbner Rücken; Die vordersten Schwingfedern sind über das Mittel schwarz.

aus dem T. C. Hat die Grösse des Waldhähers. Die Halßfedern haben in der Mitte einen länglichten weissen Strich. Die Schwingfedern sind etwas unter der Mitte himmelblau, und der

der Schwanz schwarzblau, mit einer Spitze, die dem Unterleibe gleichfarbig ist.

44) **Die Golddrossel, Bierhold, Kirschvogel**, lat. Coracias Oriolus.

Der gelbe Coracias mit schwarzen Flügeln und Schwanz. Linn. l. c. n. 3.

Der gelbe Krametsvogel mit schwarzen Flügeln und äusserem Theile des Schwanzes Kram. l. c. n. 1.

Picus nidum Suspendens (Der sein Nest aufhängende Specht.)

Ionston. Av. p. 112. Tab. XLI.

Meyer. Av. I. Tab. VII.

U. Z. Er ist gelb, die Flügel schwarz, mit einem gelben Fleck, die mittelsten zwey Schwanzfedern sind ganz schwarz, die andern haben eine gelbe Spitze.

aus E. E. und hält sich in Crain auf. Er ist so groß als ein Krametsvogel. Zwischen dem Schnabel und Auge ist ein schwarzer Fleck. Die Zweyte Schwingfeder ist länger.

Er hängt sein Nest an die höchsten Aeste alter Eichen. (v) Man kann ihn von weiten an seinem

v) Die Structur des Nests, ist die allerkünstlichste. Es gleicht einem runden Napfe vollkommen. Der innwendige Raum ist aus Graßhalmen zusammen gewebet und ganz glatt. Die äußere Ober-

ganz besondern Pfeiffen unterscheiden. Seine Beine sind eben so gebauet wie beym Seidenschwanze.

Die Gracula.
Linn. Syst. Nat. p. 164.

Ein Kunstgeschlecht das fast nur allein, an der ungespaltenen Zunge, von dem vorherigen unterschieden ist.

46) Der

Oberfläche aber, ist mit Schaafwolle, die der Vogel von denen Büschen, da die Heerden geweydet haben, sammelt, dichte überzogen, worunter vieles von der dünnen weissen Haut der Birken Rinde eingemischt ist. Der Rand des Nests ist auf zwey Seiten an die Gabel eines Asts mit Schaafwolle gleichsam angebunden, deren Faden in grösster Ordnung um den Ast wie ein Band gelegt, die Enden derselben aber, in die Substanz des Nestes eingewebet sind, daher es so fest mit der Gabel zusammen hängt, daß ziemliche Gewalt erfordert wird, es loßzureißen. Der Vogel hängt sein Nest allezeit an die äusserste Gabel der Asts der Eiche, mithin weit vom Stamme entfernet; welches die Ursache ist, daß ihm bey nahe gar nicht beyzukommen. Er legt 5 schneeweise Eyer, die mit kohlschwarzen Flecken sparsam besprenget, und die mehr lang als rund sind. Sie sind nur wenig grösser als die Eyer des Nistlers (turdi viscivori.) Nest und Ey beschreiben wir nach Exemplaren, die wir so eben frisch erhalten haben. G.

46) **Der Feuer=Rabe** lat. Gracula Pyrrho
 Corax.

Der schwarze Wiedehopf mit rothen Schnabel und Füssen. Linn. S. N. XI. p. 118. n. 4.

Coracias 5. Pyrrho corax. Aldrovand. ornith. l. 12. c. 8.

Pyrrhocorax Ionston. Av. p. 37. Tab. XVI.

Ital. Zaola, Zola.

U. Z. Er ist schwarz, und hält sich in Haufen zusammen. Die Füße und Schnabel sehen roth.

aus E. C. Er ist mir aus Obercärnthen von dem Herrn Lauffensteiner zugeschicket worden.

Er hat die Farbe des gemeinen Rabens und am Grunde des Schnabels sitzen Borstenfedern, aber der Oberschnabel ist an der Spitze abwärts gebogen. Die erstern zwey Einschnitte derer Beine sind doppelt so groß als die übrigen. Die Nahrung, die Art das Nest zu bauen, sein Flug und andere Eigenschaften bekräftigen, daß er keine Art des Wiedehopfs seyn könne. Er nistet in Felsen hoher Gebürge. Nach der zweyten Heuerndte, kömmt er in Gesellschaft von mehr als hundert Geschwistern auf die niedrigen Wiesen, verschlingt die Heuschrecken, und frißt gerne Wacholderbeere. Er fliegt Wirbelförmig in die Höhe. Einige bekommen im Herbste schwarze Füsse, sie können hurtig laufen, machen ein Geschrey, und einer entreißet dem andern öfters seine Speise. Sie treiben mit den Hunden und Füchsen ihre Kurzweile, und wenn eine Gracula getödtet, oder ein schwarzer Huth in die Höhe geworfen wird, so kehret der ganze fliehende Haufen wiederum zurück.

Paradieß Vogel, lat. Paradisæa.
Linn. Syst. Nat. p. 166

Die langen und zierlichen Federn welche aus denen Seiten hervor gehen, geben diesem Geschlecht ein sonderbares, und bey nahe ungestaltes Ansehen. Es hat auch einen kurzen und am Grunde mit Federn bedeckten Schnabel.

47 Der ohnbeinigte Paradies=Vogel,
lat. Paradisæa apoda.

Der Paradieß=Vogel mit Seitenfedern, die länger sind als der Leib, und dessen mittelste Schwanzfedern, lang und wie Borsten oder Pferdehaare gestaltet sind. Linn. l. c. n. I.

Manucodiata Ionst. Tab. LV.

U. Z. Die Federn welche von denen Weichen derer Seiten hervorgehen, sind 2. mahl länger als der Schwanz und endigen sich in eine rothe Porste. Die mittelsten Schwanzfedern gehen in eine lange Porste aus, die auf beyden Seiten Zähnlein hat.

aus den T. C. Von der Nase an, bis zum Ende des Rückens ist er gelb, der Nacken führet einen bräunlichen rostfarbnen Busch. Die

Kehle

Elsterartige, Picæ.

Kehle ist grün goldglänzend. Die Brust hat gleich denen Flügeln eine braunrothe Farbe. Eben so sieht auch der Schwanz aus, der länger ist als die Flügel. Die weissen Federn welche aus denen Seiten hervorgehen, sind denen Schwanzfedern zur Hülfe gegeben, damit der Vogel keinen Schaden nehme, wenn er vom Winde hingerissen wird.

Kuckuks-Geschlecht, lat. Cuculus.
Lin. Syst. Nat. p. 168.

Die Nasenlöcher sind weit und haben einen Rand. Zwey Zähen stehen vorne und zwey hinten hinaus.

48 Der gemeine Kuckuk, lat. Cuculus Canorus.

Der Kuckuck mit gleichen, (w) schwärzlichen, und weiß gefleckten Schwanze. Linn. l. c. n. 1.
Kram. El. p. 337.
Der Kukuck aller Vogel-Beschreiber,
    Crainisch Kukauza. Ital. Cucco. Cucherto.
U. Z. Der Rand um die Augenlieder und die Füsse sind gelb. Die Füsse haben 4. Einschnitte oder Kerben. Der Unterleib und die
Gegend

---

w) In Sachsen und Thüringen haben alle Kuckuk etwas keilförmige Schwänze, ob sie schon übrigens die nemliche Art sind die hier angeführet ist. G.

Gegend unter dem Schwanze sind in jedweden Alter weiß, mit braungrauen Querflecken.

aus E. C. In Crain ist er ein bekannter Gast.

In jedweden Alter ist die Zunge röthlicht, platt, ein wenig gespalten und der Rachen weit. Die Flügel und Schwanzfedern sehen graubraun, erstere haben an der innern Seite, letztere aber an der äussern, weisse Flecken. Die Nägel sind gelb. Sein Kuckucksgeschrey erhebt er gerne auf denen Bäumen nahe am Stamme, und misset mit aufgehobenen Schwanze, gleichsam den Ton ab. Er läßt sich zuerst zu anfange des Maymonats hören, und schweigt wieder um Jacobs Tag, fliegt sehr hurtig und in gerader Linie, und wird im Sommer sehr fett, da er einsam lebt, und ein Schmaruzer der Vogelnester ist. Er legt ein oder 2. Eyer in ein fremdes Nest, sonderlich der gelben Bachstelze.

49) Der Kronvogel, lat. Cuculus persa.

Der Kuckuck mit gleichen Schwanze, einem Kopf mit aufrechtstehenden Kamme, und rothen vordersten Schwingfedern. Linn. l. c. n. 17.

Touraco regia avis. Edward. Klein. Hist. Av. p. 69.

U. Z. Er ist roth, und der Kopf mit einer Krone versehen, die dreyerley Farben hat; Die Kehle und Bauch, sehen gelb und die Deckfedern schwarz.

aus

aus den T. C. Er hat die Grösse des Waldhähers, die Crone ist eyförmig, stumpf, zwey Zoll hoch, roth und schwarz bunt, und am Grunde gelb. Der Bürzel siehet grün und die zweyten Deckfedern blau. Der Schwanz ist ungetheilt. Er ist von Farben verschieden. Seligmann Tab. XIII. Die Nasenlöcher sind bey dieser Art länglicht, und der Oberschnabel hat an der Spitze an beyden Seiten ein Zähnlein, wie bey dem Neuntödter.

Wendhalß-Geschlecht, lat. Iynx.

Linn. Syst. Nat. p. 127.

Die Nasenlöcher sind durch ein etwas hervorragendes, und dünnes Zwischenhäutlein von einander abgesondert. Die Wurzel des Schnabels, ist mit keiner Porstenfeder versehen. Er hat eine lange schlanke, an der Spitze runde, und knorplichte Zunge, die er weit heraus stecken kann, und deren beyde Wurzeln auf der Scheitel des Kopfs eingewachsen sind.

50) Der gemeine Wendehalß, Natterwindel, lat. Iynx, Torquilla.

Iynx Linnei l. c. und anderer Schriftsteller, Meyer. Av. Tab. XXXIX.

Crainisch Tshudesch. Ital. Storzicollo.

U. Z. Ist von der Grösse der Lerche und hat einen grauen mit gelblichten Punkten und Flecken

Flecken bunten Körper. Zwey Zähen stehen vorn, und zwey, hinten hinaus.

aus E. C. Ist in Crain häufig. Ein brauner Streif fängt beym Nacken an, und lauft bis an die Gegend des Steißes. Die Schwingfedern haben an einer Seite rostfarbne, an der andern aber weißlichte dreyeckigte Randfleckgen. Die Schwanzfedern sind mit 5. Binden und braunen Punkten versehen. Die Füsse haben 5. Einschnitte. Im Frühjahre läßt er sich auf denen Bäumen, durch sein Zischen hören, und im September wandert er sehr fett von hier.

Specht Geschlecht, lat. Picus.
Linn. Syst. Nat. p 173.

Zunge und Zähen sind wie beym Wendehalß gestaltet, allein der Schnabel ist eckigt, sehr stark und fest. Die Nasenlöcher sind mit Porsten bedeckt, und die Spitze der Zunge ist mit Haaren besetzt.

51) Der Schwarzspecht, Hohlkrähe
lat. Picus Martius.

Der schwarze Specht mit rothem Huth, Linn. l. c. n. 1.

Der Specht der zwey Zähen vorn, und zwey Zähen hinten hat, mit schwarzen Körper und rothen Scheitel. Kram. El. p. 335. n. 1. picus maximus Meyer.

animal.

Elsterartige, Picæ.

animal. II. Tab. XXXIV. Ionston. Av. p. 112. Tab. XLI.

Crainisch, Tscherna. Schouna.

Ital. Pigoccio nero.

U. Z. Er ist schwarz. Der Scheitel, oder Hintertheil des Kopfs, hat bey dem Männlein eine Scharlachfarbe.

aus E. C. ist aus den Wäldern um Idria. Der Schnabel ist so lang als ein kleiner Finger. Die Augäpfel haben einen gelben Ring, und die Augenlieder sind nacket.

52) **Der Grünspecht, Grasespecht.**
lat. Picus Viridis.

Der grüne Specht, mit scharlachfarbnen Scheitel. Linn. l. c. n. 12. Meyer l. c. Tab. XXXV. Ionston l. c.

Crainisch Deteu. Detela. Ital. Pigoccio verde.

U. Z. Er ist grün, und des Männleins Scheitel scharlach roth.

aus E. C. Hält sich in Crain auf. Die vordersten Schwingfedern haben an ihrer äussern Seiten 5. bis 6. weise Flecken.

53) **Der grosse Buntspecht,** lat. Picus Maior.

Der schwarz und weiß bunte Specht, mit rothen Steiß und Hinterkopfe. Linn. l. c. n. 17. Picus major Ionston. l. c.

Crai-

II. Ordnung,

Crainisch, Cobilar.

U. Z. Eine rostfarbne Stirn, schwarzer Scheitel, weiſſe Schläfe, scharlachfarbner Nacken und Steiß.

aus E. C. Ist in Crain einheimisch. Unter dem scharlachrothen Flecken, am Hintertheile des Kopfs, ist eine schwarze Binde. Der Halß sieht weißlicht, die Brust bleich rostfarben, der Rücken, Flügel und Schwanz aber, schwarz. Die Gegend unter dem Schwanz ist scharlachroth. Die Schwingfedern sind unten etwas bleicher, und haben auf beyden Seiten, halb eyförmige, einander gegen über stehende weisse Flecken. Die Deckfedern sehen weiß, und die Federn an denen Schenkeln haben rothe Spitzen. Das Scharlachrothe des Kopfs ist unbeständig. (x)

54) Der

---

x) Es gereichet denen Vögel-Cabinetten zu einem grossen Verlust, daß das Scharlachrothe an diesem Spechte, in kurzer Zeit abschiesset, und sich in dunkle pomeranzen Farbe verändert. Daß die Scharlachfarbe an europäischen Vögeln, überhaupt sehr unbeständig sey; kann man an denen aufgesetzten Gympeln, und Creutzvögeln oder Krummschnabels, sehen, deren Rothes in sehr wenig Jahren, viel matter ausfällt, als es im Leben war. Weit beständiger aber, ist das Scharlachrothe, an denen Indianischen Vögeln. Wir besitzen den grossen und kleinen Toucan aus America, (Rhamphastos Linnæi) an denen das Zinnoberrothe Band über der Brust, und der Scharlach am Steisse, noch immer

Elsterartige, Picæ.

mittlere Buntspecht, lat. Picus Medius.

und weiß bunter Specht mit rothen
Scheitel Linn. l. c. n. 18. Kram. l.

ist weiß und schwarzfleckigt. Der
nd die Gegend des Afters sind roth.

Zuweilen ist auch der Hintertheil des
th, zuweilen aber trift man sowohl
itel, als den Hinterkopf, ganz schwarz

kleine Buntspecht, lat. Picus Minor.

arz und weiß bunte Specht mit ro-
el und weißlichten Steiße, Linn. l. c.

t weiß und schwarzbunt, der Wirbel
oth, und die Flügel weiß gefleckt.
ern 4. Schwanzfedern sehen schwarz,
n weiß und unten her schwarzstreifigt.
Hält sich in Mittelcrain auf. Er
röße des kleinen Neuntödters. (Lanii
Der hochrothe Scheitel ist mit weiß=
Die Schläfe sehen weißlicht. Der
unten her röthlicht, mit länglichten

D schwar=

hoch und brennend ausfällt, als kaum
nsel auszudrücken fähig ist. G.

schwarzen Strichelgen, oder Kleckgen. Die
Beine sind oben her etwas fedricht, und die
Flügel haben halbrunde Flecken.

56) **Der dreyzähigte Specht,** lat. Picus
Tridactylus.

Der schwarz und weiß bunte Specht, mit drey=
zähigten Füßen. Linn. l. c. n. 21.

U. Z. Er ist so groß als der Staar, hat eine
weiße Kehle und schwarze Schwanzfedern,
deren Spitzen ein wenig stumpf sind.

aus dem T. C. Er ist weiß und schwarz bunt.
Die erste Flügelfeder ist an ihrem äußern Ran=
de mit 7. oder 8. Flecken weißgefleckt.

Die Spechte sind unflätig, stark, fliegen
schlangenweiß, erheben in denen Wäldern ein
Gezisch, dauern durch den Winter, klettern die
Bäume hinauf und durchbohren dieselben. Die
beyden Wurzeln der Zunge, erstrecken sich bey
diesem Geschlechte, bis an die Gegend derer Au=
gen, und es befindet sich bey denenselben auf bey=
den Seiten, eine länglichte Drüße, die einen
milchartigen Saft in sich enthält. Die Leber
ist mürbe und besteht aus zwey Lappen. Sie
nähren sich von denen Puppen derer Holzkäfer,
ingleichen von Beeren der Elzen und des Weiß=
dorns.

Elsterartige, Picæ.

Baumpicker, lat. Sitta.
Linn. Syst. Nat. p. 177.

Ein gerader Schnabel, der am Grunde Porsten hat, wie beym Spechte; Allein der Schnabel ist nicht eckigt, die Zunge ist auch vom Spechte unterschieden, an der Spitze abgestümpft und zähnigt, der Schwanz ist nicht so steif, und drey Zähen gehen vorwärts.

57) Der Kleber=Blauspecht, lat. Sitta Europaea.

Sitta Linnæi l. c.

Picus cinereus Ionst. Av. p. 114. Tab. XLI.

Crainisch Barless.

U. Z. Der Leib ist oben her bleygrau, unten her röthlicht. Die Kehle weiß. Von der Wurzel des Schnabels an, erhebt sich ein schwarzer Streif, der die Augen bedeckt, und bis an den Rücken reichet.

aus E. E. hält sich bey uns hin und wieder auf. Ist so groß als eine Lerche. Das untere Augenlied ist kahl. Der Steiß rostfarbig und weiß gesteckt. Die mittelsten Schwanzfedern haben die Farbe des Rückens, die übrigen sind an der Spitze graubraun, hernach haben sie ein weisses Band, und darauf sehen sie an einer Seite schwarz, an der andern aber weiß. Die Beine haben 7. Einschnitte, daran der dritte der größte ist.

II. Ordnung,

Baumklette, lat. Certhia.

Linn. Syst. Natur. p. 184.

Der Schnabel ist länger als die Beine, schlank, dünne und ein wenig krumm. Die Zunge, ein wenig gespalten. Die Füsse sind zum klettern eingerichtet.

58) Der Mauerspecht, Mauerlaufer, Todenvogel, lat. Certhia Muraria.

Der weiß, roth und schwarzbunte Specht, der 3. Zähen vorne, und eine einzige hinten hinaus hat. Kram El. p. 336. n. 6.

Picus murarius Ionston. av. p. 113. Tab. XLI.

Ital. Beccamuro.

U. Z. Er ist oben aschgrau. Die Kehle weiß. Der Bauch, Flügel, Schwanz und Beine sind schwarz. Der Anfang der Flügel und die eine Seite der Flügelfedern sind nahe am Anfange roth.

aus E. C. Ist in Crain einheimisch. Er hat die Grösse des Blauspechts oder Klebers. Seine Nasenlöcher sind länglicht. Die Schwanzspitze ist aschgrau. Die vier erstern Schwanzfedern haben an ihrer innern Seite 2. weisse Flecken. Er streichet einzeln am Ende des Herbsts, besuchet die Thürme, und Mauern hoher Gebäude, und ziehet die Spinnen hervor; Wenn er klettert, so tanzet oder hüpfet

er

59) **Das Baumläuferlein, Rindenkle-
ber,** lat. Certhia Familiaris.

Die oben graue, und unten weisse Baumklette, mit zehen graubraunen Schwingfedern die
ein weisses Fleckgen haben. Linn. l. c. n. 1.
Der Eißvogel mit steiffen Schwanze.
Kram. El. p. 373. n. 2.

y) Der Mauerspecht ist dem nordlichen Theile
Europens fast unbekannt, und hält sich nur im
südlichen auf. Das Zinnoberothe seiner Flügel giebt ihm ein prächtiges Ansehen. Ich habe
ihn in einem Zeitraum von 40. Jahren, nur
ein einziges mahl vor meine Sammlung bekommen. Er kam im May an den hohen steinernen
Kirchthurm zu Cahla, und hielt sich wohl drey
Wochen daselbst auf, jedoch durchritt er den
Thurm nur in denen Vormittags-Stunden, des
Nachmittags aber war er gänzlich unsichtbar.
Er wurde anfangs vor einen Blauspecht (Sitta)
gehalten, alleine die rothen Farben, die man
beym Wegfliegen an ihm wahr nahm, ließen
etwas sonderbares vermuthen und deswegen
wurde er mit einem Schießgewehr getödtet. Er
war so unbekannt, daß sich auch kein Jäger er-
innern wollte, ihn jemahls gesehen zu haben.
Sein schwarzer und glänzender Schnabel ist
viel länger als des Baumläufferleins, und hat
die Länge von fast 2. Zollen: Er sieht einem gebogenen Schuhpfriemen sehr ähnlich. G.

II. Ordnung,

U. Z. Von oben ist er weiß und braungrau bunt, von unten aber weißlicht, die Schwanzfedern sind steif und zugespitzt, und machen den Schwanz gabelförmig.

aus E. C. Bewohnet die Crainischen Waldungen. Er hat die Grösse der Creutzmeise. (n. 245.) An der Zunge stehet unter der Spitze auf beyden Seiten ein Zähnlein. Die Schwingfedern haben ein weisses Band, ausgenommen die erste, zweyte und dritte. Die Winterkälte kann er gut vertragen, und hält sich alsdenn in denen Gärten auf.

60) Die grüne Baumklette, lat. Certhia Viridis.

U. Z. Sie ist oben grün, und unten bloß gelb und grün gefleckt. Die Schwingfedern sind grau braun und ihr äusserer Rand ist grün.

aus E. C. Er ist uns von dem berühmten Herrn I. T. Gronov zugeschickt worden.

Ist bey nahe so groß als das Baumläufferlein. Ein himmelblauer Streif steigt von der Wurzel des Schnabels an beyden Seiten hinab. An der Kehle ist ein rother Fleck. Die Beine sind schwarz, der Schwanz ist braun und grünglänzend. Vielleicht ist dieser Vogel von dem nachfolgenden nur in Ansehung des Geschlechts unterschieden?

61) Die himmelblaue Baumklette, lat. Certhia Caerulea.

Die himmelblaue Baumklette mit schwarzen Schwing- und Schwanzfedern, Linn. l. c. n. 8.

U. Z. Ist ganz himmelblau, aber der Schnabel, der Fleck an der Kehle, die Flügel und der Schwanz, sind schwarz.

aus E. C. In welches wir sie, von eben diesem berühmten Manne, zum Geschenke bekommen haben.

Sie ist so groß als die vorige. Die Füsse sind gelb. Zwischen denen Augen und Schnabel steht ein schwarzer Fleck.

Wiedehopf, lat. Vpupa.
Linn. Syst. Nat. p. 183.

Der Schnabel ist nur ein wenig gebogen wie bey denen Baumkletten Num. 60. und 61. Die Zunge ist kurz, ungespalten und rundlicht. Die Beine haben Einschnitte oder Kerben.

62) Der gemeine Wiedehopf, Kothhahn, lat. Upupa Epops.

Der Wiedehopf mit bunten Kamm. Linn. l. c.
Upupa Ionston. Av. p. 121. Tab. XXVII. XLII.
  Meyer. Animal. II. Tab. IX.
Crainisch Smerda Kaura. Smerduch.
  Ital. Upuba.

II. Ordnung,

U. Z. Der Kopf hat einen Kamm, dessen Federn schwarze Spitzen haben. Das Nest des Vogels ist sehr stickend.

aus E. C. wohnet im Herzogthum Crain. Die Beine haben sechs Einschnitte. Die Zunge ist nicht dreyeckigt. Der Schwanz hat in der Mitte eine weisse Querbinde.

Meerschwalbe, lat. Merops.

Linn. Syst. Nat. p. 182.

Unterscheidet sich von dem Eißvogel durch einen mäßig gebogenen Schnabel. Es fragt sich aber: ob dieser Unterschied hinlänglich sey? Von dem Wiedehopf ist er dadurch unterschieden: daß seine Füsse keine Einschnitte haben.

63) Der Bienenfraß, Imbenwolf, lat. Merops Apiaster.

Die Meerschwalbe mit rostfarbenen Rücken, grünblauen Unterleib und Schwanze, und zwey Schwanzfedern, die länger sind als die übrigen. Linn. l. c. n. 1.

Der Eißvogel mit weichen Schwanze Kram. El. p. 337. n. 1.

U. Z. Der Kopf ist fuchsroth, die Stirn grün. Unter den Ohren befindet sich ein schwarzer Fleck. Die Kehle ist gelb. Die mittelsten Schwanzfedern sind länger als die andern.

aus E. C. Ist mir von dem Herrn Baron von Brigido zugeschickt worden.

Um die Wurzel des Schnabels sitzen schwarze, steife, und ästigte Porsten. Brust und Bauch sind himmelblau. Dem äussern Ansehen nach kömmt er dem Eißvogel nahe, allein er ist etwas grösser. (z)

Eißvogel=Geschlecht, lat. Alcedo.
Linn. Syst. Nat. p. 178.

Der Schnabel ist gerade und stellet ein stumpfes Dreyeck vor. Der Oberschnabel siehet an denen Seiten als ob er einige Striche hätte.

---

z) Da der Bienenfraß nicht einmahl im Herzogthum Crain einheimisch ist, welches doch nahe an Italien liegt; so muß er noch viel südlichere Gegenden um Europa bewohnen, als etwan Spanien, Portugall, Calabrien, Sicilien und die Inseln des Archipelagi etc. In Sachsen ist er ganz unbekannt. Der, den wir in unserer Sammlung besitzen, ist durch einen Zufall hinein gekommen, der einen deutlichen Beweiß abgiebt, daß auch der Merops schaarenweiß in andere Weltstriche reisen müsse. Es bemerkte im Merz des 1766ten Jahres der Forstbediente zu Rembda, einem Städtgen im Rudolstädtischen, einen grossen Hauffen dieser Vögel, die sich auf einen Baum nieder liessen, und die Fliegen begierig hinweg schnappeten. Er schoß 5. Stück davon, die übrigen flogen weiter, ohne daß man jemahls einige wieder gesehen. Vielleicht hat ein Sturmwind diese Vögel soweit von ihrer March=Route nordlich getrieben. Denn des Insecten frasses halber dürften sie so früh im Jahre hierher nicht kommen G.

Die Nasenlöcher sind etwas verschlossen. Die Zunge ist zugespitzt, platt und ungespalten.

64) Der Königsfischer, gemeiner Eißvogel, lat. Alcedo Ispida.

Der kurzschwänzige, oben himmelblaue und unten rothgelbe Eißvogel. Linn. l. c. n. 3.

Ispida Ionst. Av. p. 163. Meyer. Animal. Tab. VI. Ital. Piombino.

U. Z. Er ist oben himmelblau, und von unten gelb rostfarben. Schwanz und Beine sind kürzer als der Schnabel.

aus E. C. Und hält sich in Crain an denen Wassern auf.

Seine Jungen sehen schwarz und haben einen dreyfärbigten Schnabel. Er fliegt sehr geschwind und in gerader Linie. Alle Winterkälte verträgt er gut. Man hängt ihn an einem Faden auf, um die Stelle eines Wetterglaßes zuvertreten.

65) Der Eißvogel aus Smyrna, lat. Alcedo Smyrnensis.

Der lang geschwänzte, rostfarbne Eißvogel, mit grünen Flügeln, Schwanz, und Rücken. Linn. l. c. n. 11.

U. Z. Er ist oben goldgrün, unten aber rostfarben, mit grünlicht weisser Kehle.

Elsterartige, Picæ. 59

aus E. C. Ist von dem berühmten Herrn Gronov geschickt worden.

Er ist grösser als der vorhergehende. Der Schnabel ist schwarz, und bey nahe so dick, als eines Raben, der Schwanz, welcher die Länge derer Schwingfedern hat, ist nebst denen Flügeln, grün vergoldet.

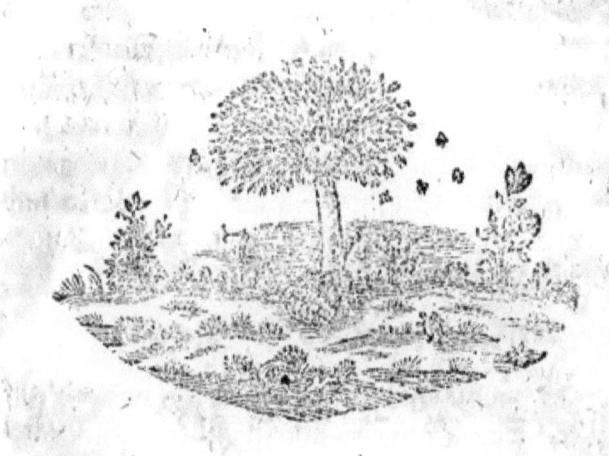

III. Ord=

III. Ordnung.

Schwimm= oder Gänseartige Vögel, lat. Anseres.

Die hierher gehörige Vögel, haben Zähen, die durch eine Schwimmhaut mit einander verbunden sind. Sie sind kurzschwänzigt, halten sich am Waſſer auf, freſſen viel, leben gern in Schaaren zuſammen. Ihr Gang iſt langſam. Sie machen ein lautes Geſchrey, vermehren ſich ſtark, und haben weiche Federn. Sie brüthen auf der Erde und nähren ſich von Fiſchen, Puppen derer Waſſer=Inſeckten und Fröſchen.

Enten=Geſchlecht, lat. Anas.

Der Schnabel iſt lang und breit, und auf beyden Seiten, mit vielen ſchiefſtehenden Blättgens gezähnelt. Die dicke Zunge hat auf den Seiten Haare, iſt vorn abgekürzt und durch einen halb kugelförmigen Anhang, verlängert.

66) Der Schwan, lat. Anas Cygnus.

Die ganz weiſſe Ente, mit halb walzenförmigen, ſchwarzen Schnabel, der eine fleiſchigte gelbe Erhöhung hat. Linn. l. c. n. 1.

Crainiſch Labod. Ital. Cigno.

U. Z.

U. Z. Der Oberschnabel ist an der Wurzel eckigt.

aus E. C. Aus dem Zirchnitzer See. An dem einen Geschlecht, ist der Schnabel an der Wurzel gelb, und etwas viereckigt. Die Spitze des obern Schnabels, ist fast unmerklich verlängert. Die Füsse sind schwarz. An dem andern Geschlecht (daferne es nicht etwa eine Abartung des vorigen ist) hat der Körper eine graue Farbe. Der Kopf und Rücken sind bleich castanien braun. Der Grund des Schnabels ist schwarz und viereckigt. Die Spitze des Oberschnabels aber merklich verlängert. Diese letzte Art beschreibt Aldrovandes.

67) Die Spanische Ganß, Türkische Ganß, Schwanen Ganß, lat. Anas Cygnoides.

Die Ente mit halb walzenförmigen Schnabel, der am Grunde einen Buckel hat. Linn. l. c. n. 2.

U. Z. Sie ist die größte Art, unter denen Gänsen. An der Wurzel des Schnabels sitzt ein dicker, etwas getheilter Knoten.

aus dem T. C. Der Körper sieht weiß, die fleischigte Erhöhung des Schnabels schwarz, der Schnabel aber gelb, dessen Ober und Untertheil am Rande und Spitze schwarz ist. Wenn der Vogel stehet, so reichen die Flügel nicht über den Schwanz hinaus. Der Oberschnabel

bel hat zu beyden Seiten auf 50. Zähne, der Hals ist 4. Spannen lang.

68) Die braune wilde Ente, lat. Anas Fusca.

Die schwärzlichte Ente, mit einem weissen Fleck neben den Augen, und einer weissen Linie in denen Flügeln Linn. l. c. n. 6.

Anas fusca fera Ionston. Av. p. 150. Tab. XLIX.

U. Z. Sie ist schwärzlicht. Das untere Augenlied und der Fleck in den Flügeln sehen weiß.

aus den T. C. Sie ist so groß als die zahme Ente. Der Schnabel hat eine gelbe Farbe. Die Spitze des Oberschnabels ist nur sehr wenig krumm gebogen. Die Füsse sind gelb. Der Oberschnabel hat an die 30. Zähne, und an der Wurzel ist er runzlicht.

69) Die Gans, lat. Anas Anser.

Die Ente mit halb walzenförmigen Schnabel, oben her grauen, unten her aber etwas blässern Körper und gestreiften Halße. Linn. l. c. n. 9.

Crainisch Goss. Ital. Occa.

U. Z. Ein gelber Schnabel, aschgraue Achseln, weisser Bauch und Bürzel. In der Grösse hält sie das Mittel zwischen dem Schwane und der zahmen Ente.

aus

Schwimmvögel, Anseres.

aus E. E. Um Martins Tag werden die gemästeten gespeiset. Sie werden mit Graß, Gänßeblümlein, Kleyen und Früchten gefüttert. Die Federn werden ihnen ein bis zwey mahl des Jahres ausgerupfet, zum Gebrauch der Betten. Man machet dieselben zum Ziel, um mit Kugelbüchsen darnach zu schiessen. Ihre Eyer kann man essen. Ein Hauffen Gänße, ist dem andern Hauffen auffäßig. Wenn das Weiblein ihre Jungen herum führet, so fällt es sehr zornig, mit ausgestreckten Halße, aufgesperrten Schnabel, und aufgeblasener Brust, Menschen und Hunde an. Die Schwingfedern, werden zu Schreibefedern, das Fett in denen Apotheken, und die Beine, zu Meisenpfeiffen gebraucht.

Mein Exemplar hat einen grau braunen Schnabel mit einer gelben Binde. An der Wurzel der Zunge sind 9. Zähne.

70) **Die Löffel Ente, Breitschnabel,** lat. Anas Clyperata.

Die Ente mit einem, am äussern Theile runden, und mit einem krummen Haacken versehenen Schnabel. Linn. l. c. n. 19.

U. Z. Der Schnabel ist an der Spitze sehr breit, und ausgedähnet, und endiget sich mit einem krummen Haacken. Die Flügel sind bey ihrem Ursprunge weiß, hierauf blaß himmelblau, hernach wieder weiß, und alsdenn schön glänzend grün.

aus

aus E. C. Des Männleins Kopf, ist nebst dem halben Halße, schwarzblau, der Schnabel schwarz, der Rücken graubraun, oder braun und rothschäckigt. Der Ursprung der Flügel ist ganz weiß. Unter dem Schwanze sind schwarze Federn.

Das Weiblein ist ein wenig kleiner. Obenher siehet es braunroth und weißbunt. Von unten ist die Farbe etwas bleicher, mit schwarzen Fleckgen. Beym Ursprung der Flügel stehen weiße Flecken. Der Schnabel ist braun.

Bey beyden Geschlecht, hat der Bauch und der Anfang der Brust eine fuchsrothe Farbe. Der Schnabel ist länger, als die Zähen und Beine.

71) **Das Goldäuglein**, lat. Anas Clangula.

Die schwarz und weißfleckigte Ente, mit einem dicken schwarz grünen Kopfe und weissen Fleck an den Winkeln des Mundes. Linn. l. c. n. 23.

U. Z. Der Kopf und der halbe Halß sind schwarz-Violet. Auf beyden Seiten, stehet bey dem Ursprunge des Oberschnabels, ein weisser Fleck.

aus E. C. Ist in Crain einheimisch. Sie hat die Grösse der zahmen Ente. Der Schnabel ist schwarz und kürzer als die Zähen. Die obere Kinnlande hat zu beyden Seiten an 40. Zähne. Die Nasenlöcher sind an einer Seite runzlicht. Der halbe Halß, die Brust, Bauch und Deckfedern sind weiß. Die Dickbeine, der Schwanz, die vördersten Schwingfedern, die Flügel bey ihrem Ursprunge, und der Rücken sehen schwarz. Die Zunge ist rußfarben und die Augäpfel haben einen gelben Ring.

72) Die eisengraue Ente, Anas Glaucion.

Die Ente mit gelben Augencreißen, grauen Kopf, und weissen Halßband. Linn. l. c. n. 26. Glaucion Ionst. Av. p. 150. Tab. XLIX.

U. Z. Ein graues Halßband. Schwarze Flügel und Schwanz. Ein weisser Flügelfleck und weisser Bürzel.

aus dem T. C. Der Kopf ist rothbraun. Die Brust weiß. Die Flügel haben keinen grünen Flecken. Die Seiten sind von eben der Farbe als die Brust. Der Schnabel ist schwarz, und kürzer als die Zähen, ungefehr aber so lang als die Schienbeine.

73) Die Spießente, Spitzschwanz, lat. Anas Acuta.

Die Ente mit zugespitzten, länglichten, und unten schwarzen Schwanze, und einem weissen Strich, an beyden Seiten des Hinterkopfs. Linn. l. c. n. 28.

U. Z. Die mittelsten 2. Schwanzfedern sind länger, zugespitzt und umgedrehet. An beyden Sei=

Seiten gehet von dem Nacken, eine weisse Linie, bis zum Anfange des Halßes.

aus dem T. C. Kopf und Kehle sind graubraun. Der Halß ist oben her schwarz. Die Brust, Bauch und die Gegend bey denen Schenkeln, sind weiß und mit braunen Strichen bunt gemacht. Auf dem Rücken stehen diese Striche etwas schief. Die Flügel sind braungrau, und haben einen rothen, schwarzgrünen, und weissen Flecken. Beym Steisse sind schwarze Federn mit weissen Rande. Die mittelsten Schwanzfedern, ingleichen die Federn unter dem Schwanze sehen schwarz.

74) Die Winterente, lat. Anas Hyemalis.

Die Ente mit keilförmigen Schwanz dessen mittelste Federn lang sind, grauen Leibe und weissen Schläfen. Linn. l. c. n. 29.

U. Z. Ein spitziger Schwanz und ein graubrauner Rückenstreif.

aus dem T. C. An dieser Ente ist der Kopf und Halß weißlicht. Von jeden Ohre gehet bis an die Mitte des Halßes ein großer schwarzer Fleck, der eine braun rothe Spitze hat. Vom Genick läuft ein grau brauner Streif bis an den Rücken. Die Brust sieht anfangs schwarz und hernach weiß. Der Bauch, Bürzel und Schenkel sehen gleichfalls weiß und der Rücken grau braun. Der Schwanz ist blaßbraun und

und spitzig, und die Flügel graubraun. Der Oberschnabel hat 20. bis 24. Zähne. Sie scheinet von der vorigen nur wenig unterschieden zu seyn.

75) **Die Krickente, Kriechente,** lat. Anas Querquedula.

Die Ente mit einem grünen Flecken in den Flügeln und einer weissen Linie über denen Augen. Linn. l. c. n. 32.

Kram. El. p. 343. n. 18.

Querquedula Ionst. Av. p. 149. Tab. XLIX.

U. Z. Eine weisse Linie über denen Augen. Aschgraue Flügel, mit zweyen Querbinden, davon die eine weiß, und die andere glänzend grün ist. Die Flugfedern sind braungrau mit einem weissen Kiel.

aus E. C. Der Kopf ist oben her graubraun, übrigens braunroth und weiß gestreift, die Kehle aber schwarz. Der Oberschnabel hat an beyden Seiten 35. bis 40. Zähne. Der Rücken hat eine braungraue Farbe, mit braunrothen Querstreifen. Der Bauch siehet weiß und der Bürzel gleichfalls weiß mit braunen Punkten. Die Schwanzfedern sind spitzig, braungrau, und an denen Spitzen weiß eingesäumet. Beyde Seiten des Leibes sehen weiß mit braunen Querstrichen.

III. Ordnung,

76) Anas Circia.

Die Ente mit einem bunten Flecken in denen Flügeln, einem weissen Strich über denen Augen und aschgrauen Schnabel und Füssen. Linn. l. c. n. 34.

Anas Circia Aldrovandi Ornithol. L. 19. C. 32.

U. Z. Ein roth und braun bunter Körper, der Schnabel ist kürzer als die Zähen, und die Beine sehen schwarz.

aus dem T. C. Sie ist so groß wie die Krickente, hat eine weisse Kehle und keinen grünen Flecken in denen Flügeln.

77) **Die zahme oder Haußente**, lat. Anas Boschas.

Die Ente mit geraden Schnabel und (bey dem Männlein) umgebogenen, oder aufwärts gekräuselten, mittelsten Schwanzfedern. Linn. l. c. n. 40.

Kram. l. c. n. 11.

Boschas Meyer. Animal. I. Tab. XII. Anas domestica Ionston. Av. p. 148. Tab. XLIX. Boschas major ibid.

Crainisch Ratza.   Ital. Anitra.

U. Z. Ein gerader Schnabel mit einem Saum, und mennigrothe Füsse.

aus E. C. Ist im Herzogthum Crain allenthalben.

Der

Der obere Schnabel hat zu beyden Seiten an 15. Zähne. Die Zunge ist breit. Die Federn unter dem Schwanze sehen schwarz und die Nägel an denen Füssen braungrau. Durch die Fortpflanzung erhält sie fast unzählig andere Farben. Man hat sie bey uns weiß, braun, bunt, mit und ohne Federbusch am Kopfe. Sie will sich zuweilen mit denen Hühnern paaren und legt viel Eyer, die in Crain die Hühner ausbrüthen.

78) **Die schwarze Ente, Schopfente,**
lat. Anas Fuligula.

Die Ente mit herabhangenden Federbusch, schwarzen Körper weissen Bauch und weissen Flügelfleck. Linn. l. c. n. 45. Kram. l. c. n. 12.
U. Z. Am Nacken hängt ein Federbusch herab. Der Schwanz ist braungrau.
aus E. C. Erste Abänderung. Diese ist kleiner als die zahme Ente. Der Kopf hat eine schwarze Farbe die ins Violet und Grüne spielet. Der Federbusch ist eines Zolls lang. Die Schwingfedern sind an einer Seite weiß, der Körper braun, Schnabel und Füsse schwarz und die Flügel von unten weiß. Der Bürzel hat eine Rußfarbe und ist weiß gesprenkelt.
Zweyte Abänderung, hat die Grösse der zahmen Ente. Der Kopf und Anfang des Halses sind braunroth, der Federbusch etwas dunkel, der übrige Halß aber nebst Brust, Bauch,

Füssen, Schwanz und Bürzel sehen schwarz. Der Schnabel ist gelbliche, der Rücken braun und die Flügel bräunlicht aschgrau mit einem weissen Rande. Die Schwingfedern haben eine weisse und die Dickbeine eine grau braune Farbe. Beym Ursprunge eines jeden Flügels stehet eine weisse kegelförmige Binde.

Dritte Abänderung. Diese ist von der Grösse der ersten Abänderung, der Federbusch und Kopf sind fuchsroth, die Schläfe glänzend grün. Die weisse Brust hat schwarze Flecken, der Bauch aber ist weiß und ungeflecket. Unter dem Schwanze stehen schwarze Federn. Die Flügel sind bey ihrem Ursprunge braungrau, hierauf folgt eine fuchsrothe Binde, alsdenn ein schönes glänzendes Grün und endlich Schwarz. Die Schwingfedern aber sehen graubraun.

Von den nachfolgenden Entenarten weiß ich noch nicht gewiß, wohin ich sie rechnen soll, oder ob es vielleicht neue Arten sind.

79) **Die weißköpfigte Ente**, lat. Anas Leucocephala.

U. Z. Sie gehöret unter die Breitschnäbel, die Schwanzfedern sind steif, zugespitzt, und rinnenförmig. Die mittelsten aber länger als die übrigen.

aus dem T. C. Sie ist kleiner als die zahme Ente, der Kopf siehet weiß mit einem schwarzen

nien braune Bruſt, die beym Anfange ſchwarze
Zwerchflecken führet. Der Bauch iſt grau
mit kleinen ſchwarzen Fleckgen. Der Ober=
ſchnabel hat zu beyden Seiten gegen 50. Zähne.
Der Rücken iſt fuchsroth, die Flügel röthlicht,
mit grau braunen Punkten und Linien, die
vorderſten Schwingfedern braun, und der
Schwanz welcher 5. quer Finger lang iſt, ſieht
graubraun.

80) Die Mönchenke, lat. Anas Monacha.

U. Z. Sie iſt weiß und ſchwarzbunt und der
Schnabel gelblicht, welcher ſich mit einem
ſchwarzen Haken endiget. Auf jedem Flügel
ſtehet ein ſchöner grün und violet glänzender
Fleck.

aus dem T. C. Iſt etwas gröſſer als die zah=
me Ente, und von oben weißlicht. Vom
Schnabel bis zum Augen gehet ein grauer
Streif, der Kopf und der Anfang der Bruſt
haben ſchwarze Flecken. Der Schnabel iſt
gleichfalls ſchwarz geſleckt und an der obern
Kinnlade ſtehen zu beyden Seiten 43. bis 45.
Zähne. Die vorderſten Schwingfedern ſehen
weiß, und an denen Spitzen braun grau bunt.
Die Schwanzfedern ſind weiß und haben an
der Spitze einen mittelmäßigen und zugeſpitz=
ten weiſſen Flecken.

E 4   81) Der

81) **Der Rothhalß**, lat. Anas Ruficollis.

U. Z. Sie ist aschgrau mit schwarzen Schnabel, Brust und Beinen. Kopf und Halß sind fuchsroth.

aus dem T. C. Hat bey nahe die Grösse der zahmen Ente, der Rücken ist mit braun grauen über sich gebogenen Strichen gesprenkelt. Die braungrauen Flügel sind ohne Flecken. Der Schwanz ist kurz, jedoch reichet er über die Flügel hinaus, wenn der Vogel sitzet.

82) **Die schwarzschwänzigte Ente**, lat. Anas Melaura

U. Z. Ein ziegelfarbner Schnabel und Beine. Schwarze Schwing= und Schwanzfedern.

aus dem T. C. Sie ist ein wenig kleiner als die zahme Ente, der Wirbel auf dem Kopfe sieht fuchsroth, die Schläfe aschgraulicht, die Kehle bloß aschgrau, die Brust aschgrau mit röthlichten durchflossen, der Rücken fuchsroth und der Bürzel schwarz und weißfleckigt.

83) **Die unterirdische Ente**, lat. Anas Subterranea.

U. Z. Von oben ist sie braun grau und von unten weiß. Sie hat weisse Schwanzfedern die braun graue Spitzen haben.

aus E. C. Von Grösse ist sie kleiner als die Haußente. Der Schnabel hat eine braune Farbe und an der obern Kinnlade sitzen zu beyden

den Seiten an 40. Zähne. Die vordersten Schwingfedern sind an der innern Seite weiß. Weder Männlein noch Weiblein haben krumme Federn im Schwanze. Die Beine sind grau braun. Diese Enten nisten im Herzogthum Crain in unterirdischen Hölen, bey dem Zirchnitzer See. Sie gehen aus ihren Löchern haufen weiß hervor, und weil sie von der Sonne geblendet werden, so werden sie leicht mit Prügeln tod geschlagen. Steinberg Zirchn. p. 138. Tab. 22. Sie scheinet mir von der Anas Marila des Linné verschieden zu seyn. (a)

Das Geschlecht Branta.
Klein. Syst. av. Tab. XXXIV.

Der Schnabel ist schmäler. Die hintere Zähe endet sich mit einer starken runden Klaue, und hat unten eine Flügelförmige Haut.

84) Die Brentganß, Baumganß, lat. Branta Bernicla.

Die braungraue Ente, mit schwarzen Kopf, Halß und Brust und weissen Halßbande. Linn. l. c. n. 11.

---

a) Es giebt in Sachsen und Thüringen noch andere verschiedene Arten des Entengeschlechts, die hier nicht beschrieben sind, und die nur in harten Wintern zu uns kommen. Wir liefern deren Beschreibung künftig in dem Verzeichniß unsers Vogel-Cabinets. G.

74 III. Ordnung,

Branta 5. Bernicla Aldrovand. Ornith. L. 19. C. 23.

U. Z. Sie ist weißlich und schwarzbunt, die Flügel sind aschfarben und schwarz gefleckt.

aus dem T. C. Die Schläfe, Kehle, der Anfang der Brust, der Bauch, Bürzel und die Federn unter dem Schwanze sind weiß. Der Scheitel, Nacken, Halß und der übrige Theil der Brust nebst denen Schenkeln, Schnabel und Beinen sehen schwarz. Die Schwing- und Schwanzfedern fallen ins Schwärzlichte.

Die Beschreibung des Bellon bey dem Aldrovand, passet genauer auf unsern Vogel als die Linneische. (b)

85) **Die türkische Ente**, lat. Branta Moschata.

Die Ente mit glatten und mit Warzen besetzten Gesicht. Linn. l. c. n. 13.

Anas indica Ionston. Av. p. 148. Tab. XLIX.

U. Z. Sie ist weiß. Das Halßband und die Backen sind mit rothen fleischernen Warzen besetzt.

aus

b) Der Schnabel, Kopf, Füsse und die ganze Statur der Brentganß, die wir in unserer Sammlung besitzen, zeigen in allen Stücken den Character der ordinairen wilden Ganß, daher sie billig von dem Gänße-Geschlechte nicht getrennet werden kann. Doch ist sie über die Helfte kleiner als die Ganß. G.

aus dem K. T. Sie hat die Gröſſe einer Ganß, und einen ſchweren Gang. Der berühmte Herr Iaquin ſagt: daß ſie in Amerika von verſchiedenen Farben gefunden werde. (c)

86) Die Branta Torrita.

U. Z. Ein weiſſer Kopf, ſchwarzer Halß und Nacken.

aus dem K. T. Sie iſt von der Gröſſe der ſchwarzen Ente, (Anas fuligula) der Halß iſt von unten caſtanien farben.

87) Die Weißſtirn, lat. Branta Albifrons.

U. Z. Sie iſt von der Gröſſe eines Hahns. Die Stirn iſt weiß, Kopf und Halß aber braunroth.

aus dem T. C. Die obere Gegend der Bruſt iſt mit aſchgrauen Federn bedeckt, die einen blaß roſtfarbenen Rand und unter der Spitze einen rothen Querſtreif haben. Rücken und Flügel ſind braungrau. Die Schwingfedern haben eben

---

c) Auch in Thüringen, wo ſie hin und wieder auf adelichen Höfen erzogen wird, hat man nicht nur weiſſe, ſondern auch ſchwarzgraue und ſchwarz und weißbunte türkiſche Enten. Ihre Fortpflanzung iſt beſchwerlich, und wenn ſie nicht in warmen Zimmern brüthen können, ſo verderben alle Eyer. G.

eben diese Farbe, und ihre innere Seite, nebst der Spitze sind weiß. Der Bürzel und die Federn unter dem Schwanze fallen weißlicht aus.

Säger, oder Sägeschnäbler=Geschlecht,
lat. Mergus.

Linn. Syst. Nat. p. 207.

Dieses Geschlecht hat einen dünnen, und mit Zähnen versehenen Schnabel, mit einer krumm gebogenen Spitze.

88) Der Vielfraß, lat. Mergus Gulo (d)

Der weißlicht aschgraue Taucher, mit herab=hangenden Kamm, castanien farbenen Kopf und gelben Beinen. Kram. El. p. 342. n. 2.

U. Z. Der mit einem Busch gezierte Kopf, ist bis auf das Mittel des Halßes fuchsroth, der Bauch weiß und der Schnabel, nebst denen Füssen roth.

aus dem T. C. Hat die Grösse der zahmen Ente. Der Oberschnabel ist an jeder Seite mit 28. Zähnen besetzt. Der Leib hat von oben eine asch=

---

d) Dieser Vogel ist der Mergus cirrhatus Gesneri. Herr Zorn nennet ihn, in petinotheol. part. II. §. XLI. Num. 1. Die Schnarrganß, und be=schreibt ihn ziemlich genau. Er kommt sehr sel=ten und nur in sehr kalten Wintern nach Sach=sen. G.

aſchgraue Farbe, der Halß iſt bis auf die Helfte der Bruſt weißgrau, und iſt mit dunkel graulichten Flecken beſprenget, die erſten Schwingfedern ſind an der äuſſern Seite ſchwarz, und die zweyten Schwingfedern weiß.

Das eine Geſchlecht hat einen weiſſen und das andere einen braunrothen Bürzel.

89) **Der weißlichte Taucher**, lat. Mergus Albellus.

Der Taucher mit herabhangenden, und unten her ſchwarzen Kamme, weiſſen Körper, ſchwarzen Rücken und bunten Flügeln. Linn. l. c. n. 5.

U. Z. Der Kopf, Kamm, der Anfang des Halſes, die Seiten der Bruſt und der Rücken über denen Flügeln ſind ſchwarz, um den Halß gehet ein weiſſes Halßband.

aus dem T. C. Er iſt etwas kleiner als der vorherſtehende. Das Halßband hat die Breite von 2. quer Fingern. An der obern Kinnlade ſtehen an jeder Seite 34. Zähne, der Halß iſt bey ſeinem Urſprunge roſtfarben und ſchwarzbunt. Das mitlere Theil der Bruſt, der Bauch, der Bürzel und die untere Fläche der Flügel ſehen weiß. Der Rücken iſt hinter den Flügeln braungrau und hat weiſſe Querſtriche. Die neun vorderſten Schwingfedern ſind rußfarben und der Schwanz graubraun.

90) Der

90) **Der Mohr**, lat. Mergus Æthiops.

U. Z. Er ist weiß. Der Kopf, Kamm, Anfang des Halßes und Schwingfedern sind schwarz.

aus E. C. Ist um Laubach getödtet worden. Er ist von der Größe einer zahmen Ente. Seine schwarze Farbe fällt ins Grüne. Der Rücken ist schwarz, und der Schwanz bräunlicht aschgrau. Die zweyten Schwingfedern, sind am äusserm Rande schwarz. Der obere Schnabel hat an jeder Seite 31. Zähne.

Er unterscheidet sich von dem Mergo Mergansere daß er kein weisses Halßband hat, und von dem Mergo Serratore, daß sein Kopf ohne Flecken ist, und Brust und Bauch blaß fleischfarben sehen.

Die Fleischfarbe der Brust verschwindet bey dem ausgestopften Vogel, nach und nach, und verwandelt sich fast gänzlich in weiß.

91) **Die Scheckente** (e) lat. Mergus Albulus.

Der gehaubete schwarz und weisse Taucher, der an beyden Seiten beym Anfange des Rückens und der Flügel 2. schwarze halbe Circul hat. Kram. El. p. 344. n. 5.

Albulus

e) Zorn. Petinotheol. Part. II. §. XLI. num. 5. p. 413. wo dieser Vogel sehr genau beschrieben wird. Sie brütet in Sachsen nicht, und kömmt nur in sehr harten Wintern zu uns. G.

Albulus aquaticus Ionſt. Av. Tab. XLVII.

U. Z. Iſt weiß, und hat eine Haube. Der Nacken iſt ſchwarz. Zwiſchen dem Schnabel und denen Augen ſtehet ein ſchwarzer brillenförmiger Fleck. Der Rücken iſt gleichfalls ſchwarz und an jeder Seite ſind beym Anfange der Flügel, zwey ſchwarze, krummgebogene Striche zu ſehen.

aus E. C. Iſt aus Crain. Iſt ein wenig kleiner als die ſchwarze Ente (num. 78.) der Schnabel ſiehet ſchwarz. Der Oberſchnabel hat an jeder Seite 38. Zähne. Die Augen ſtehen innerhalb des ſchwarzen Flecks. Die Haube iſt weiß und unten gegen den Halß ſchwarz. Durch die Flügel läuft eine ſchwarze ſichelförmige Binde. Der Schwanz iſt bräunlicht aſchgrau.

92) Die ungariſche Taucherente, lat. Mergus Pannonicus.

Der ſchwarz aſchgrau und weißbunte Taucher, mit bräunlich roſtfarbenen Scheitel und Stirn, ein wenig gehaubeten Kopfe, und ſchwarzen Füſſen. Kram. l. c. n. 4.

U. Z. Iſt weiß, mit ſchwarzen Rücken, Schwingfedern, Schwanz, Schnabel und Füſſen, und aſchgrauer Bruſt.

aus dem T. C. Er iſt gröſſer als die Waldſchnepfe. Kopf und Halß ſind oberhalb fuchs-

roth.

roth. Die zweyten Flügelfedern sehen an der Spitze weiß.

Halbente, lat. Plotus.

Klein. Syst. Av. Tab. XXXVII.

Unterscheidet sich von dem Säger (Mergus) daß ihr Schnabel keine Zähne hat. (f)

93) Die hinkende Halbente, lat. Plotus Claudicans.

Plotus claudicans Klein. l. c. fig. 2. a.

U. Z. Ist unten her weiß und von oben braungrau mit weissen Punkten. (g)

aus

f) Ihr Schnabel ist lang, rund und kegelförmig, glatt und ohne Zähne. Der Halß sehr lang und schlank, der Kopf aber lang und schmal. Diese Kennzeichen unterscheiden ihn von allen Enten und Sägern. Die Füsse sitzen ausser dem Schwerpunkte ganz hinten am Steisse, und machen dahero den Vogel zum gehen untüchtig. Die Zähen sind sehr lang und die 3. vordersten wie bey den Enten mit einer Haut verbunden. Die hinterste ist frey, und dieser Umstand unterscheidet ihn von dem eigendlichen Taucher (Colymbus) der Lappenfüsse (petes lobatos) hat, und dem er sonst in Ansehung des Schnabels sehr nahe kommt. Dieses Geschlecht wird in Norden Lumme oder Loom genennet, welches einen Hinkenden bedeutet. S.

g) Wir besitzen eine Lumme die der jetzt beschriebenen des Herrn Scopoli vollkommen gleichet, nur fehlen ihr auf dem grauen Rücken die weissen

Schwimmvögel, Anseres.

aus dem T. C. Sie ist so groß als die zahme Ente. Die Nasenlöcher sind länglicht zugespitzt, weit offen stehend, und am Anfange des Schnabels befindlich. Der Rand derer Kinnbacken ist ungebeugt. Der Schwanz ist am äussern Rande weiß, und kürzer als alle Schwingfedern. Sie hat keine Haube. Der Schnabel ist braungrau. Die hintere Zähe hat einen scharfen Nagel.

Alca.

Linn. Syst. Nat. p. 210.

Ein gefurchter Schnabel dessen Wurzel mit Federn bedeckt ist, die untere Kinnlade hat einen Höcker.

94) Die Alca Torda.

Die Alca mit einem Schnabel der 4. Furchen hat, und einen weissen Streif, der an beyden Seiten vom Schnabel bis an die Augen reichet. Linn. l. c. n. 1.

U. Z. Ist von oben schwarz. Die Flügel sind graubraun, und von unten weiß. Die Füsse sehen schwarz und haben drey Zähen.

sen Punkte. Sie wurde im kalten Winter anno 1759. ohnweit Orlamünda auf der Saale, als sie sich auf das Eiß an die Sonne geleget, geschossen, und befand sich in Gesellschaft zweyer anderer. Der Herr Auctor hat diese von dem Plotus getrennet, und unter dem Geschlechtsnahmen Uria Num. 103. besonders beschrieben. G.

aus dem T. C. Hat die Größe des gemeinen Raben. Der Schnabel ist schwarz. Der Unterschnabel hat zwischen dem Höcker und der Spitze, einen weissen Fleck. Von dem Anfange des Schnabels lauft an jedem Auge, eine weisse Streife hinab. Der Schwanz neiget sich zusammen. Die acht vordersten Schwingfedern sind länger als die übrigen. Die Dickbeine sehen weiß.

Sturmvögel, lat. Procellaria.

Die Nasenlöcher bestehen aus 2. neben einander platt liegenden Röhren, auf einem Schnabel ohne Zähne. Die hintere Zähe ist sehr klein und kegelförmig.

95) Der kleine schwarze Sturmvogel, lat. Procellaria. Pelagica.

Der schwarze Sturmvogel mit weissen Bürzel. Linn. Syst. Nat. p. 131. n. 1.

U. Z. Hat die Größe einer Lerche, ist ganz schwarz. Der Schwanz ist am Anfange rostfarben.

aus dem T. C. Die Federn an der Stirn fallen ins Rostfarbene. Die Flügel sind einem Bogen ähnlich, und länger, als der Schwanz. Die Hinterzähe ist verstümmelt, und kaum einer Linie lang.

Schwimmvögel, Anseres.

96) Der wegziehende Sturmvogel, lat.
Procellaria Diomedea.

Die Diomedea (so wegziehet) mit gefiederten Flügeln und drey zähigten Füssen. Linn. Syst. Nat. p. 214.

Diomedea Jonston. A. p. 131. Tab. XLVI.

U. Z. Er ist aschgraulicht, und unten her etwas weißlichter.

aus dem T. C. Ist von der Grösse des gemeinen Raben. Der Schnabel ist an der Spitze schmutzig. Rücken und Flügel sind dunkler. Der Unterschnabel ist schief abgestümpft.

Im übrigen kömmt er in der Bildung der Nasenlöcher, und der hintern Zähe, genau mit dem Sturmvogel überein, weshalber die Beine keinesweges für dreyzähigt zuhalten sind.

Der Pelecan, lat. Pelecanus.

Linn. Syst. Natur. p. 215.

Ein gerader Schnabel mit krummgebogener Spitze. Nackete Wangen. Alle 4. Zähen sind mit einer Schwimmhaut verbunden.

97) Der Nimmersatt, Kropfganß, lat.
Pelecanus Onocrotalus.

Der Pelekan mit einem Sack an der Kehle. Linn. l. c. n. 1.

Onocrotalus Ornithologorum.

U. Z.

U. Z. Ist fast so groß als ein Schwan. Von dem Unterschnabel hangt ein Sack herunter. Auf dem Nacken steht ein Federbusch.

aus dem T. C. Und lebendig ist er im Käyserlichen Thiergarten.

Er ist ganz weiß. Der Oberschnabel ist zwey Spannen lang, platt und oben erhöhet. Die ersten Schwingfedern sind schwarz. Der Sack ist gelblicht. Der Schnabel hat am Ende einen röthlichten Haken.

98) Der schwarze Pelekan, lat. Pelecanus Carbo.

Der Pelekan mit gleichem Schwanze, schwarzen Körper, und einem Schnabel ohne Zähne. Linn. l. c. n 3.

Corvus aquaticus Ionston. Av. p. 135. Tab. XLVII.

U. Z. Der Körper ist von oben grau bräunlicht, und von unten weiß. Der Oberschnabel ist halb walzenförmig.

aus dem T. C. Der Halß ist unten her, braun und weißbunt. Die Seiten und Dickbeine sehen rußfarben, und der Schwanz braun. Die Knie sind keinesweges glatt.

Auch an der vorhergehenden Art, hat der Schnabel keine Zähne.

Tau=

Schwimmvögel, Anseres.

Taucher=Geschlecht, lat. Colymbus.
Linn. Syst. Nat. p. 220.

Dieses Vogelgeschlecht ist sehr fertig im untertauchen. Seine Füsse stehen ganz hinten am Steisse. Der Schnabel ist kürzer, als die Zähen. Die Zunge wie eine halbe Walze, dabey gespalten und dünne. Der hintere Rand an denen Beinen, hat eine doppelte Reihe sägeförmiger Zähne, und die Füsse sind nur bis auf die Helfte gespalten.

99) **Der bekappte und gehörnte Taucher**, lat. Colymbus Cristatus. (h)

Der Taucher mit gespaltenen falbula=Zähen, braunrothen Kopf, schwarzen Kragen, und weissen hintern Schwingfedern. Linn. l. c. n. 7.

U. Z. Einige sonderbare Federn, stellen zwey, hörnerähnliche Federbüsche, und wieder andere, einen Kragen vor.

h) Dieses ist der Avis mirabilis Besleri Mus. Tab. 17. Ein prächtiger, und in Obersachsen sehr seltener Vogel. Er wurde im Winter 1768. auf der Saale geschossen. Die Federn des Bauchs und der Brust glänzen wie Silber und sind so weich wie Baumwolle. Den Kragen und die Hörner kann er niederlegen, da denn der Kragen einem unten abgestutzten Barthe, vollkommen ähnlich wird. Das Kupfer beym Beßler ist ziemlich gut. G.

aus dem T. C. Der Kamm und der Kragen sehen schwarz, die Kehle, die Gegend unter denen Augen, der Anfang des Halßes, die Brust, Bauch und die kurzen Fluchtfedern sind weiß, die Flügel aber, der Rücken, Beine und Füsse braungrau. Die Hinterzähe bestehet aus einem Blättgen.

Beym Aldrovand sind die Füsse sehr übel vorgestellt.

100) **Der geöhrte Taucher,** lat. Colymbus Auritus.

Der Taucher mit belappten Zähen, schwarzen Kopf, und gekrönten rostfarbenen Ohren. Linn. l. c. n. 8.

U. Z. Ist doppelt kleiner als der vorige, der Kopf hat Ohren, die Flügel sehen unten her weiß, und die Füsse sind 3. mahl tiefgespalten.

aus dem T. C. Der Schnabel, Kopf, der Halß von oben, die Flügel und der Rücken sehen schwarz, der Bauch weiß und die Brust weißlicht. Auf beyden Seiten gehet ein rostfarbener Strich vom Schnabel über die Ohren bis in den Nacken. Die Seiten des Leibes sind castanien braun. Das Weiblein dieses Vogels ist des Aldrovandi Colymbus Ferraria delatus. Ornith. L. q. C. 52. allwo ihn der Autor beschreibet.

Schwimmvögel, Anseres.

101) Der schwärzlichte Taucher, lat. Colymbus Nigricans.

U. Z. Ist doppelt kleiner als vorherstehender. Die kurzen Schwingfedern sind an der innern Seite halb weiß.

aus dem T. C. Kopf und Schnabel sehen schwarz. Der Halß oben her, und die Brust, haben eine grau braune Farbe; und die Fluchtfedern sind etwas blässer.

102) Das Tauchentlein, gemeine Taucherlein, lat. Colymbus Vulgaris.

Crainisch Potaplicika.

U. Z. Der Oberschnabel ist an seinem Ursprunge grünlicht. Der Bauch und die Flügel unten her, sehen weiß.

aus E. C. Der untere Schnabel ist röthlicht und hat eine braune Spitze. Die Stirn, Scheitel, Rücken und Bürzel haben eine braungraue Farbe, und die grossen oder vördersten Schwingfedern sind etwas unter die Helfte bräunlicht aschgrau.

Das Weiblein ist grösser, hat eine weisse Kehle, einen braunrothen Halß, und zwey schwarze Striche, die von jedem Auge abwärts laufen. Vielleicht ist dieses der Colymbus Urinator Linnei?

III. Ordnung,
Uria.

Brünnichii Ornithol. p. 27.

Unterscheidet sich von dem Taucher, daß die Beine hinten nicht sägeförmig gezähnelt, und daß alle Zähen völlig mit einer Schwimmhaut verbunden sind.

103) Die Lumme, lat. Uria Lomvia.

Uria Lomvia Brünnich. l. c. n. 108.

U. Z. Ist so groß als ein Hahn, oben her braungrau und von unten weiß.

aus E. C. Man hat sie bey Tybein getödtet. Der Schnabel hat die Länge eines kleinen Fingers. Die Füsse sind braungrau. (i)

Das Meevengeschlecht, lat. Larus.

Der obere Schnabel ist sanft gebogen. Die Nasenlöcher sind linienförmig. Der Unterschnabel hat um die Mitte einen kleinen Höcker. Die hintere Zähe ist ganz klein und herabhängend.

Zwischen denen Laris und Sternis des Linnei finde ich keinen merklichen Unterschied. Den Höcker

---

i) Der Character dieser Uria scheinet viele Aehnlichkeit mit dem Plotus claudicans Num. 93. zu haben. Sie ist eben die, deren wir in der Note (g) gedacht haben. Sollten dahero nicht die Geschlechter Plotus und Uria vereiniget werden können? G.

Schwimmvögel, Anseres.

Höcker am Unterschnabel haben auch die Seeschwalben, obgleich nicht so merklich als die Meeven.

104) **Die weißgraue Meeve,** lat. Larus Canus.

Die weiße Meeve mit grauen Rücken. Linn. Syst. Nat. p. 136. n. 3.

U. Z. Sie ist weiß und hat einen aschgrauen Rücken und Flügel. Der Kopf, nebst der Spitze des Schwanzes, sind braun. Schnabel und Füsse aber roth.

aus E. E. Hat die Grösse einer Mittelente. Von einem Auge bis zum andern gehet eine braune Querbinde. Der Mund ist inwendig roth, und die rothe Zunge röhrenförmig, ein wenig dreyeckigt, und gespalten. Die Augen haben bläulichte Ringel, und einen schwarzen Augapfel. Die sieben ersten Schwingfedern haben braune Spitzen, und die 4. folgenden sind an ihrem äussern Rande, und an dem größten Theile des innern, schwarz.

105) **Die aschgraue Meeve,** lat. Larus Cinereus.

U. Z. Sie ist so groß als die schwarze Krähe, siehet weiß, und hat einen aschgrauen Rücken auch dergleichen Flügel. Die Schwingfedern sind an dem einem Rande und an denen Spitzen schwarz.

aus dem T. C. Der Kopf ist braungrau und die Hinterzähe merkbarer. Diese Meeve beschreibet Bellon bey dem Aldrovand L. 19. C. 6. und vielleicht ist der Larus Naevius des Linnei von dieser nicht unterschieden?

106) **Die weiſſe Meeve** lat. Larus Albus.

U. Z. Iſt weiß mit einem ſchwarzen Schnabel und Kopf. Die Hinterzähe iſt gerade.

aus dem T. C. Sie hat einen ſchwarz und weißbunten Kopf und aſchgraue Flügel. Alle Schwingfedern ſind an der Spitze weiß. Der Schwanz iſt gleichfalls weiß. Die Zähen ſind mit einer rothen Schwimmhaut verbunden. In der Gröſſe gleicht ſie einer Turteltaube.

107) **Die graubraune Meeve,** lat. Larus Fuscus.

Die weiſſe Meeve mit graubraunen Rücken. Linn. l. c. n. 7.

U. Z. Sie iſt graubraun, die mittelſten Schwanzfedern ſind länger.

aus dem T. C. Hat die Gröſſe der Waldſchnepfe, der Körper iſt roſtfarben geſtreift.

108) **Die Amſelmeeve,** lat. Larus Merulinus.

U. Z. Iſt ſchwarz, mit aſchgrauen Rücken, Flügeln und Schwanze. Der Bürzel hat eine blaß roſtige Farbe.

aus

sen Kielen, und die Klauen lang. Die hintere Zähe stehet gerade aus.

109) Die vierfarbichte Meeve, lat. Larus Quadricolor.

U. Z. Sie ist braun und grau bunt. Der Bürzel weiß und der Schnabel, Schwanz, Schwingfedern und Füsse schwarz.

aus dem T. C. Hat die Grösse eines gemeinen Raben. Die Hinterzähe hänget herab. Der äussere Rand des Schwanzes ist weiß.

Es giebt bey dieser Meevenart Abänderungen, indem der Bauch, Brust und Bürzel bald mit braun geflecket, bald aber gänzlich ohne Flecken sind.

110) Die zweyfarbigte Meeve, lat. Larus Bicolor.

U. Z. Sie ist von der Grösse der schwarzen Amsel, der Schnabel gelb, und die Stirne weiß.

aus dem T. C. Von oben siehet sie aschgrau, von unten aber weiß.

111) Die Schwalbenmeeve, lat. Larus Hirundo.

Die Sterna mit etwas gabelförmigten Schwanze, weißgrauen Körper, schwarzen Kopf und Schna=

Schnabel, und rothen Füssen. Linn. l. c. p. 137.
n. 3.

Crainisch, Makauka.

U. Z. Ist von der Grösse der vorigen, von oben weißgrau, und von unten rußfarben oder schwarzgrau. Die Füsse sehen roth.

aus E. C. Sie hält sich häufig an denen Gräben derer Sümpfe bey Laubach auf.

Hat einen schwärzlichten Kopf und schwarzen Schnabel. Die Flügel sind von unten weiß wie die Schultern. Die Dickbeine fallen ins Weißlichte. Der Schwanz ist gabelförmig gespalten und der Bürzel weiß. Das Männlein ist mehr schwärzlicht.

112) **Das Fischerlein,** Larus Sterna.

U. Z. Hat die Grösse und den Schwanz wie die vorhergehende. Sie ist weiß röthlicht, die vordersten Schwingfedern sehen braun grau.

aus dem T. C. Von unten siehet sie weißlicht rostfarben.

113) **Die Taubenmeeve,** lat. Larus Columbinus.

U. Z. Ist weiß. Das Hintertheil des Kopfs nebst dem Schnabel sehen schwarz, die Füsse roth, Flügel und Schwanz aber aschgrau.

aus E. C. Sie hat die Grösse derer vorhergehenden num. 112. und 111. aber verschiedene Farben, der Rücken fällt aus dem Aschgrauen

ins

ins Schwärzlichte. Bey dem innern Augenwinkel steht ein schwarzer Fleck. Der Schwanz ist ein wenig gablicht.

Flamand, oder Flamengo, Schartenschnäbler, lat. Phoenicopterus.

Linn. Syst. Natur. p 230.

Der Schnabel ist dick und krumm. Die Zunge dicke, kürzer als der untere Schnabel, und mit 2. Reyhen stachlichter Warzen besetzt. Dieser Vogel hat Gänßefüsse. Seine nackete Knie kommen hier in keine Betrachtung, denn solche haben auch die Meeven.

114) **Der rothe Flamand,** lat. Phoenicopterus ruber.

Der Flamand, an dem die vordersten Schwingfedern schwarz sind. Linn. l. c.

Phoenicopterus Auctorum.

U. Z. Er fällt aus dem Fuchsrothen ins Hochrothe. Der Halß ist drey Spannen lang. Die vordersten Schwingfedern sind schwarz.

aus dem T. C. Der Schnabel ist etwas unter die Helfte weiß, und von oben schwarz. Der weisse Theil desselben ist erhöhet, der schwarze aber platt. Der Körper hat die Länge eines Schuhes. Die Schenkel sind einer Spanne lang und mit 24. Ringeln versehen. Die Schienbeine sind länger als die Schenkel, und haben 45. bis 50. Einschnitte. Dieser Vogel hat

hat 4. Zähen, davon die 3. vordersten mit einander durch eine rothe Haut verbunden sind. Die hinterste ist sehr klein, und endiget sich mit einem krummen Nagel.

Es giebt eine Nebenart, die rothfleckigte Flügel hat und etwas kleiner ist, und noch eine andere, die fleischfarben siehet, mit rosenrothen Flügeln. Bey der einen Nebenart ist der Nagel an der Hinterzähe krumm, bey der andern aber gerade.

IV.

IV. Ordnung.

Vögel mit Stelzfüssen, lat. Grallæ.

Die hierhergehörigen Vogel, haben Zähen, die bey einigen bis auf die Helfte, und bey andern nur ein wenig, durch eine Schwimmhaut verbunden sind. Bey einigen aber ist gar keine dergleichen Verbindung, sondern sie sind gespalten.

Aller ihre Schenkel sind über dem Knie kahl, und ohne Federn.

Löffeler, lat. Platalea.
Lin. Syst. Nat. p. 231.

Hat einen abgeplatteten, und an der Spitze, umgebogenen Schnabel. Der Oberschnabel hat von jedem Nasenloche an, eine Furche. Die Fußzähen sind bis zur Helfte, mit einer Schwimmhaut verbunden.

115) **Die weiß rosenfarbene Löffelganß**, lat. Platalea leucorodia.

Die Löffelganß mit weißen Leibe. Linn. l. c. n. 1.

Platea Ionston. Av. Tab. XLVI.

U. Z. Sie ist weiß. Der Schwanz ist kürzer als der Schnabel.

aus dem T. C. Der Schnabel ist Spannenlang. und an der Spitze nur wenig krumm gebogen. Die Furchen des Oberschnabels lauffen an der Spitze zusammen, und die Seiten desselben haben eingedruckte Punkte. Die Schenkel sind halb nacket. Die Beine haben die Höhe eines halben Fusses, und sind von der Farbe des Schnabels.

Das Männlein, welches grösser ist, hat am Grunde des Oberschnabels zu beyden Seiten Runzeln, und eben daselbst am Unterschnabel 2. Reihen rauher Hügel. Das Weiblein welches kleiner ist, hat am Grunde beyder Theile des Schnabels, weder Hügel, noch Runzeln.

Das Reyhergeschlecht, lat. Ardea.
Linn. Syst. Nat. p. 233.

Dieses Geschlecht führet einen geraden, starken, und spitzigen Schnabel. Die ersten zwey Vorderzähen sind hinten, bey ihren Anfange, mit einer Schwimmhaut verbunden. Die dritte ist frey, und ohne Verbindung. Die Hinterzähe steht gerade hinten hinaus.

* gekrönete.

116) **Der Nachtreyher, Focke, Nachtrabe,** lat. Ardea Nycticorax.

Der Reyher mit einem, aus 3. Federn bestehenden, herabhangenden Kamme, am Hintertheil

Stelzfüſſe, lat. Grallae.

theil des Kopfes, ſchwarzen Rücken, und gelb=
lichten Bauche. Linn. l. c. n. 9.

Nycticorax Aldrovand. Ornith. L. 19. C. 51.
Ionſt. Av. Tab. XX.

U. Z. Der Kamm beſtehet aus drey weiſſen,
rinnenförmigen Federn, die länger ſind als
der Schnabel.

aus dem T. C. (k) Der Schnabel iſt ſchwarz.
Das Geſicht iſt um den Schnabel, bis über
die Augen weiß, der Kopf iſt bis an die Helf=
te des Halßes, nebſt dem Rücken ſchwarz.
Die Gegend zwiſchen dem Halß und Rücken
fällt ins Aſchgraue. Von unten iſt der ganze
Körper nebſt den Schenkeln weiß. Flügel
und Schwanz ſehen aſchgrau.

G 117)

k) Dieſer Reyher iſt in Thüringen und Oberſach=
ſen, äuſſerſt rar. Der, welchen wir in unſerer
Sammlung beſitzen, wurde zu Cahla, als er ſich
im vorüber fliegen, auf einem Birnbaume nahe
am Saalſtrohme nieder ließ, anno 1754. im
Sommer, geſchoſſen. Nach ſolcher Zeit hat man
in dieſer Gegend, ſelbigen nicht wieder zu ſehen
bekommen. Die gegenwärtige Beſchreibung
des Herrn D. Scopoli, iſt ziemlich richtig, jedoch
finden wir noch beyzufügen nöthig: daß die
drey weiſſen Federn am Hintertheil des Kopfs,
ſchwarze Spitzen haben, faſt 5. Zoll lang, und
im Baue ſehr zart ſind. Nur der obere Theil
des Kopfs, oder die Platte, nebſt dem Genick
ſehen ſchwarz, und der Rücken ſieht mehr ſtahl=
grün als ſchwarz. G.

IV. Ordnung,

117) **Der aschgraue Reyher,** lat. Ardea Cinerea.

Der Reyher mit einem hangenden Federbusch hinten am Kopfe, blaulichten Rücken, weissen Unterleibe, und länglichten schwarzen Flecken auf der Brust. Linn. l. c. n. 11.

U. 3. Er ist weißlicht, Rücken und Flügel aschgrau. Der Federbusch, Nacken, die Seiten der Brust, und des Bauches, die Schultern und Schwingfedern sehen schwarz.

aus dem T. C. (1) Der Halß ist von unten mit länglichten schwarzen Flecken besetzt. Der schwärzlichte Schwanz hat von unten weisse Federn.

Die Schienbeine sind 8. quer Finger hoch. Einen blaulichten Rücken habe ich an diesem Vogel noch nicht gesehen.

118) **Ardea herodias.**

Der Reyher mit gekrönten Hinterhaupt, aschgrauen Rücken, fuchsrothen Schenkeln, und schwarzen länglichten Flecken auf der Brust. Linn. l. c. n. 15.

U. 3.

1) Dieser aschgraue Reyher ist in Thüringen der gewöhnlichste. Er besucht des Nachts unsere Fischteiche, und verschluckt die Bruth derer Karpfen in grosser Menge. Er fliegt sehr hoch und man kann oft seine Stimme aus der Höhe hören, ohne ihn zu sehen. G.

U. Z. Der Kopf und der Federbusch sind von oben schwarz. Der Halß von oben, die Schultern, Brust und Bauch, haben eine fuchsrothe Farbe. Der Halß ist von unten weiß und schwarz gefleckt.

aus dem T. C. Der Halß hat spitzige braune Flecken. Die ersten Schwingfedern sind schwarz. Unter dem Steiße stehen rothe Federn. Der Schwanz hat eine schwarze Farbe, und die Dickbeine sind mehr als über die Helfte nackt.

119) **Der braunrothe Reyher,** lat. Ardea rufa.

Der braungrau, von unten aber bräunlicht rostfarbne Reyher, mit herabhangenden Federbusch. Krain. El. p. 347. n. 6.

U. Z. Der Kopf, Federbusch, Bauch, Schwanz, und vorderste Schwingfedern sehen schwarz, die Brust fuchsroth, und die Dickbeine rostfarben.

aus E. C. Der Schnabel hat eine Länge von sieben quer Fingern. Von jeden Auge geht ein schwarzer Strich gegen den Nacken. Die Schläfe sind rostfarben. Der Anfang des Halßes ist weiß mit länglichten graubraunen Flecken. Der Halß von oben, nebst dem Rücken, und Flügeln, sehen bräunlicht aschgrau. Die Dickbeine sind halb nackt, die

Schienbeine graubraun, und sechs quer Finger lang.

120) Der bunte Reyher, lat. Ardea Variegata.

U. Z. Er ist rostfarben und graubraun geflecket, mit einer schwarzen Stirn.

aus dem T. C. Von unten siehet er blässer, die Kehle ist weiß, und die Füsse braungrau.

Die Grösse und die braunrothen Schenkel vereinigen bey nahe die Arten num. 118. 119. und 120. ich habe sie aber doch von einander unterschieden, damit man sie desto leichter kennen lerne.

121) Der kleine Reyher, lat. Ardea Ralloides.

U. Z. Er hat eine gelbe und weißlichte Farbe. Der Rücken ist braunroth, und die Füsse roth.

aus E. C. Er ist doppelt kleiner als der aschgraue. Der Schnabel ist beym Anfange bleyfärbig und an der Spitze braun. Die Schläfe sind nacket und grünlicht. Der Augencreyß gelb, der Kopf weißgelblicht, und von oben braunfleckig. Der Federbusch ist weiß, und dessen Federn braun eingesäumet, die Kehle, der Bauch, die Schenkel und der Schwanz sehen weiß. Der blaßleimen gelbe Halß ist einer Spannen lang, und von unten weißlichter. Die Zunge ist ganz und dreyeckigt, und die Seitenwinkel derselben sind mit einem

Rand

Rand eingefasset. Seine Flügel sehen von oben gelblicht, der Rücken fuchsroth, die Knie gelblicht, und die Nägel schwarz. Der Körper ist schmal, wie bey denen Wachtelkönigen oder Rallen. An beyden Seiten hat er eine weiche gelbe Wolle, die zu gewissen Jahreszeiten einen angenehmen Geruch von sich giebt.

** ungecrönete.

122) **Der Kranich,** lat. Ardea Grus. (m)

Der Reyher mit nacketen warzigten Scheitel, schwarzer Stirn, Hinterhaupt und Schwingfedern, und aschgrauen Körper. Linn. Syst. nat. XI. 4. Kram. l. c. n. 1.

Grus. Ionston. Av. p. 173. Tab. LIV.

Meyer. Animal. 1. Tab. LXIV.

Crainisch, Scheriau. Ital. Grua.

m) Es ist anmerkungswerth, daß es in denen Gegenden des Saalstrohms jetzo gar keine Kraniche mehr giebt. Man sieht zwar im Frühjahr und Herbste zuweilen einen Zug dergleichen Vögel, hoch vorüber fliegen; Sie lassen sich aber niemahls bey uns nieder, obschon in vorigen ältern Zeiten sich viele dergleichen um den Ilmfluß aufgehalten haben sollen, davon auch ein an demselben gelegenes kleines Städtgen den Nahmen Cranichfeld erhalten hat. Man weiß aber auch an diesem Orte nunmehro eben so wenig mehr von diesen Vögeln, als an der Saale. G.

IV. Ordnung,

U. Z. Er ist aschgrau. Die Schwingfedern, die Spitzen der Schwanzfedern und die Füsse sind schwarz.

aus E. C. Auf dem Scheitel stehen einzelne schwarze Borsten. Der Schnabel hat eine Hornfarbe. Die Schienbeine haben 32. Einschnitte, welche durch keine, in die Länge laufende Zwischenlinie, abgetheilet sind. Die Hinterzähe ist herabhangend.

Er wandert wenn Tag und Nacht gleich sind, schaarenweiß, und mit grossen Geschrey, in einer wunderbaren Ordnung, die ein Dreyeck beschreibet. Er leidet sowohl in Ansehung des Geschlechts, als der Jahreszeit einige Abänderung, denn an einem im Frühjahr getödteten dergleichen Vogel, war der Scheitel roth. Von jeden Auge lief eine breite weisse Binde bis ins Genick, wo sie beyde zusammen stiessen. Der Bauch war in der Mitten rostfarben.

Die Natur hat diesem Vogel sehr leichte Flügelbeine gegeben, damit durch ihre Schwere die langen Reisen desselben nicht behindert werden.

123) **Der Storch**, lat. Ardea Ciconia.

Der weisse Reyher mit schwarzen Flügelfedern und blutrother Haut. Linn. l. c. n. 7. Kram. l. c. n. 12.

Ciconia Ionst. Av. p. 153. Tab. L.

U. Z. Ein weisser Körper, schwarze Flügel oder Schwingfedern, rother Schnabel und Füsse.

aus

aus E. C. Die dritte Schwingfeder ist länger als die übrigen. Der Schnabel hat eine länge von 5. Zollen. Die Augen sehen schwarz. Er bauet sein Nest auf die Schorsteine.

124) Der schwarze Reyher, lat. Ardea nigra.

Der schwarze Reyher mit weisser Brust und Bauch. Linn. l. c. n. 8. Kram. l. c. n. 11.

U. Z. Schwing und Schwanzfedern sind schwarz. Der Rücken und Kopf sehen graubraun mit Rothen melirt. Der Bauch aber und die Gegend unter dem Schwanze weiß.

aus E. C. Schnabel und Füsse sind braungrau, der Körper sieht auch mehr braun als schwarz.

125) Die Rohrdommel, Rohrdrummel, Mooßochse, lat. Ardea Stellaris.

Der Reyher mit glatten Kopfe welcher von oben kothfärbig ist, mit in die quer laufenden Flecken von unten aber blässer aussiehet, mit länglichten braunen Flecken. Linn. l. c. n. 16.

Der Reyher mit schwarzen Scheitel, blassen und mit länglichten rothschwarzen Flecken besetzten Halße, und grünen Füssen. Kram. l. c. n. 9.

Ardea stellaris altea Ionst. Av. p. 159. Tab. LI.

U. Z. Sie ist weißlicht rostfarben und hat häufige braune Flecken.

aus dem T. C. Der Kopf ist oben her schwarz, vom Schnabel gehet auf beyden Seiten, ein schwarzer Streif herab. Die Kehle ist weiß und ohne Flecken. Die länglichten Flecken am Unterleibe stehen sparsamer.

Dieser Vogel wird öfters, mit dazu abgerichteten Falken, zum Vergnügen grosser Herren gebeitzet.

126) Der schneeweisse Reyher, lat. Ardea nivea.

U. Z. Er ist ganz weiß, hat aber einen schwarzen Schnabel und grüne Füsse.

aus E. C. Die Augäpfel sind gelb eingefasset. Der Halß ist etwas länger als eine Spanne, und die Schwanzfedern sind kürzer als der Schnabel.

Er nähret sich von denen Puppen der grossen Wassermotte, (Phryganeæ maximæ Entomol. Carniol. 705) wenn er ausgestopft wird, so werden die Füsse schwarz.

127) Der weisse Reyher mit rothen Schnabel, lat. Ardea alba.

Der Reyher mit glatten Kopfe, rothen Schnabel und weissen Körper. Linn. l. c. n. 17.

Der ganz weisse Reyher mit glatten Kopfe und leimgelben Schnabel. Kram. l. c. n. 2.

U. Z

hergehenden verwechseln.

128) Ardea Ibis.

Der Reyher mit glatten Kopfe, weissen Körper, und gelblichten Schnabel, dessen Spitze so, wie die Füsse, schwarz ist. Linn. l. c. n. 18.

U. Z. Er ist weiß, der Schnabel bleichgelb, und die Füsse braungrau.

aus E. C. Die Schienbeine haben die Höhe eines halben Fusses.

Das Schnepfen=Geschlecht, lat Scolopax.
Linn. Syst. Nat. p. 242.

Dieses Geschlecht hat einen pfriemenförmigen, rundlichten, dünnen, und stumpfen Schnabel, der länger ist als der Kopf.

129) Die Schnepfe mit über sich krumm gebogenen Schnabel, lat.
Scolopax Avosetta.

Der über sich gebogene schwarz und weißfleckigte Krummschnabel. Linn. Syst. Nat. p. 256. Avosetta Italorum Ionst. Av. p. 140. Tab XLVIII. wo aber der Schnabel viel zu sehr gebogen gezeichnet ist.

aus dem T. C. Der Vogel ist weiß, und hat einen schwarzen Schnabel, dessen beyde Helften platt und glatt sind. Seine Schultern sehen braungrau und die vordersten Schwingfedern schwarz. Die Schienbeine sind länger als der Schnabel, und haben eine braunrothe Farbe. Die Zähen sind bis über die Helfte, durch eine Schwimmhaut verbunden.

130) Die rothe Schnepfe, lat. Scolopax rubra.

Die Schnepfe mit einem gebogenen Schnabel, rothen Füssen, blutrothen Körper, und schwarzen Flügelspitzen. Linn. Syst. Nat. XI. n. 1.
Curica Ionston. Av. p. 196. Tab. LVII.
U. Z. Ist ganz roth. Die ersten drey Schwingfedern haben schwarze Spitzen, und alle weisse Kiele.
aus dem T. C. Der Schnabel ist unterwärts gebogen und nicht roth.

131) Der rothbraune Brachvogel, mit grünen Flügeln, lat. Scolopax rufa.

Der Brachvogel mit gebogenen Schnabel, castanien braunen Körper, blau, grün, und violet spielenden Flügeln und Schwanz, und dunkel grünen Füssen. Kram. El. p. 350. n. 2.
U. Z. Er ist castanienfarben. Flügel und

aus E. C. Er hat einen schwarzen unter sich gebogenen Schnabel, der sieben quer Finger lang ist. Der Kopf ist um den Schnabel schwärzlicht. Die hintere Zähe ist bey dieser Art groß und mit einer starken Klaue versehen.

132) **Der Brachvogel mit blaugrauen Füssen**, lat. Scolopax Phoeopus.

Die Schnepfe mit gebogenen Schnabel, blaulichten Füssen, und braunen länglichten viereckigten Flecken auf dem Rücken. Linn. l. c. n. 4.

U. Z. Ist weißlicht und graubraun geflecket. Die Schwingfedern sind schwärzlich und die Schwanzfedern haben Querbinden.

aus E. C. Es giebt eine doppelte Art dieses Vogels.

Die erste ist grösser, und hat einen sieben quer Finger langen Schnabel, und einen weissen Bürzel und Steiß.

Die andere ist doppelt kleiner. Der Schnabel ist nur 4. quer Finger lang. Der Schwanz aber spitziger, mit kenntlichern Querbinden. Die Gegend des Steisses ist weiß und braunsprenklicht.

Bey beyden Arten ist die Kehle, und bey der ersten die Gegend des Bauches weiß.

133) Die südliche Schnepfe, lat. Scolopax Australis.

U. Z. Sie ist bräunlicht aschgrau und von unten etwas blässer. Die Schwingfedern sind an einer Seite graubraun, die Schwanzfedern aber über die Helfte schwarz, und unten weiß.

aus dem T. C. Sie hat einen geraden, gelblichten, an der Spitze braunen, und sechs quer Finger langen Schnabel. Die Schwingfedern sind an der andern Seite weiß, und die Schienbeine braunroth. An Statur ist sie der Avoletta gleich.

134) Die Waldschnepfe, lat. Scolopax Rusticola.

Die Schnepfe mit geraden, glatten Schnabel, aschgrauen Füssen, bedeckten Schenkeln und einer schwarzen Stirnbinde. Linn. l. c. n. 6.

Meyer. animal. II. Tab. XC.

Crainisch, Schneffa. Ital. Beccacia.

U. Z. Sie hat eine Rostfarbe. Der Scheitel, Brust, Bauch und Bürzel, sind mit braungrauen Querlinien bezeichnet, die Schenkel sind ganz mit Federn bedeckt.

aus E. C. Sie kommt gepaaret zu uns, wenn im Frühling Tag und Nacht gleich ist, brüthet in sumpfigten Gegenden, und leget 3. bis

fünf

Stelzfüsse, Grallæ.

fünf Eyer (n) wenn sie verscheucht wird, so trägt sie ihre Jungen im Schnabel weg. Sie streicht im Herbste wieder weg, wenn Tag und Nacht gleich sind, und sucht Abends ihr Futter, bey Tage aber verbirgt sie sich in denen Wäldern. Sie hält sich gern bey Sümpfen auf, und kann den Winter und die Kälte nicht vertragen.

Es giebt zuweilen einige, die bleicher von Farbe, und am Schwanze, eine weißrothe Spitze haben. Leckerhafte Leute halten auch sogar die rohen Gedärme, für wohlschmeckende Bißlein. So groß ist die Eitelkeit in vielen Dingen.

135) Die schwarz und weisse Schnepfe, lat. Scolopax Pica.

U. Z. Sie hat einen schwarzen Körper. Die Brust, Bauch, Bürzel, die hintern Schwingfedern, und der halbe Schwanz sind weiß.

aus

n) In Thüringen brüthet die Waldschnepfe sehr selten. Sie kommen zwar im Frühjahr auch gepaaret hier an, streichen aber nach einem kurzen Aufenthalte weiter gegen Süden. Jedoch bleiben zuweilen einige wenige einzelne Paar in unsern Gegenden, und verrichten ihre Bruth auf der Erde zwischen denen Binsen sumpfigter Wälder. Sie brauchen ausser einigen Graßhalmen zu ihren Nestern wenig Materialien. Ihre Eyer sind fast noch halb so groß als Taubeneyer, sehen blaß strohfarben, und sind mit hellbraunen Flecken besprenget, darunter einige schwarzgraue Punkte befindlich sind. G.

aus dem T. C. Der Schnabel ist gerade, röthlicht, und glatt. Die Kehle, die untere Fläche der Flügel, der Rücken, und die Gegend unter dem Schwanze, haben eine weisse Farbe. Die vordersten Schwingfedern sind um das Mittel ihrer innern Seite, mit einem weissen Fleck bezeichnet. Der Schwanz ist etwas kürzer als die langen Schwingfedern. Sie hat die Grösse der Waldschnepfe.

Man findet sie zuweilen mit einer schwarzen Kehle.

136) Die weißflüglichte Schnepfe, lat. Scolopax Leucoptera.

U. Z. Sie hat weisse Flügel, daran die zweyte Schwingfeder graubraun ist, und einen vier quer Finger langen Schwanz.

aus dem T. C. An Grösse und Schnabel gleichet sie der Waldschnepfe. Die Streifen an der Stirn sind bleich.

137) Scolopax Glottis.

Die Schnepfe mit geraden, und unten beym Anfange, rothen Schnabel, und grünlichten Füssen. Linn. l. c. n. 10.

Crainisch, Tschoket.

U. Z. Die obere Helfte des Schnabels ist an der Spitze sehr wenig ausgebreitet, die hintern Schwingfedern haben weisse Spitzen, und die Füsse sind grünlicht.

Stelzfüſſe, Grallæ.

aus E. C. Der Schnabel iſt kürzer als an der nachfolgenden Schnepfe, obſchon die gegenwärtige gröſſer iſt. Es geht keine braune Linie vom Schnabel nach denen Augen wie bey der Mooßschnepfe. Die Schwanzfedern haben rothe Spitzen und keine ſchwarzen Punkte.

138) **Die Mooßſchnepfe**, lat. Scolopax Gallinago.

Die Schnepfe mit geraden Schnabel, der an der Spitze ein Knötgen hat, graubraunen Füſſen, und vier braunen Linien an der Stirn. Linn. l. c. n. 7.

Meyer. Animal. II. Tab. XI.

Crainiſch, Koſitza, Ital. Beccanotto.

U. B. Es gehen zwey braune Striche vom Anfange des Schnabels, über den Scheitel, zwiſchen welchen ein weiſſer gebogener Strich befindlich iſt.

aus E. C. Sie iſt ſo groß als die Weißdroſſel oder Zippe. Der Schnabel iſt an der Spitze breit. Auf jeder Seite gehet ein anderer Strich vom Auge nach dem Ohr. Der äuſſere Rand der erſten Schwingfeder iſt blaßröthlicht. Die 10. bis 21te Schwingfedern haben weiſſe Spitzen. Der Bauch, die Kehle, und Schenkel ſehen weiß und der Schwanz ſchwarz. Die 2. und 4. Schwanzfedern ſind an der Spitze weiß, und von unten

fuchs-

fuchsroth, mit zwey braunen Binden, und dergleichen Punkten. Die mittelsten Schwanzfedern haben eine fuchsrothe Farbe, ohne Weisses, und führen an der Spitze eine einzige Querbinde. Die Füsse sind braun. Diese Schnepfe schreyet im fliegen, und hat einen geschwinden, und ungleichen Flug.

139) **Die kleineste Schnepfe**, lat. Scolopax Gallinula.

Crainisch, Pokerl.

U. Z. Es gehet ein einziger brauner Streif vom Anfange des Schnabels bis an den Nacken.

aus E. C. Sie ist kleiner als die vorhergehende. Die Spitze des Schnabels ist runzlicht und breit. Der Rücken des Oberschnabels ist braunroth, über denen Augen lauft ein brauner krummer Strich hinweg, und ein anderer geht von jeden Auge, bis zur Wurzel des Schnabels.

Die 10. bis 21. Schwingfedern sind zugespitzt, und die erste ist gänzlich einfärbig. Die Füsse sehen braungrau. Die kleine Schnepfe des Brisson und die kleineste Schnepfe des Brünniche sind mit gegenwärtiger einerley.

Das Strandläufer=Geschlecht,
lat. Tringa.
Linn. Syst. Nat. p. 247.

Dieses Geschlecht läuft stets herum, es ist geschäftig und unruhig, hält sich an Ufern auf, hat einen

einen geraden, rundlichten, oder pfriemenförmigen Schnabel, der nicht länger ist als der Kopf. Die Hinterzähe ist klein, und berühret die Erde kaum.

140) **Der Streitvogel, das Kampfhähnlein,** lat. Tringa pugnax.

Der Strandläufer mit rothen Füssen, drey ungefleckten Seitenschwanzfedern, und einem mit fleischigten Warzen besetzten Gesicht. Linn. l. c. n. 1.

Glareola pugnax Klein. Av. pag 189.
Avis Pugnax. Jonston. Av. Tab. LII.

U. Z. Die Schenkel sind geringelt, und mehr als die Helfte mit Federn bedeckt.

Die Hinterzähe ist drey bis vier Linien lang. aus dem T. C. Er ist sowohl in Ansehung des Geschlechts, als des Alters verschieden, hat auch nicht immer einen rothen Schnabel, und das Gesicht des Weibleins hat keine fleischigten Warzen oder Körner. Sie sind schaarenweiß beysammen, und die Männlein kämpfen auf eine sonderbare und lächerliche Art, mit aufgeblasenen Halße, und ganz in die Schultern zurück gezogenen Kopfe, gegen einander.

141) **Der Kybitz,** lat. Tringa Vanellus.

Der Strandläuffer, mit rothen Füssen, herabhangenden Federbusch, und schwarzer Brust. Linn. l. c. n. 2. Kram. El. p. 353. n. 2.

Vanellus 5. Capella Ionſton. Av. p. 171. Tab. LIII.

U. Z. Das hintere Theil des Kopfs, iſt mit Federn gecrönet. Die Zunge iſt rinnenförmig, an der Spitze rund, unzertheilt, und ohne Zähne.

aus E. C. Die obere Helfte des Schnabels iſt länger. Eine ſchwarze Farbe haben, der Kopf vom Schnabel an bis an den Nacken, der Federbuſch, der Strich, der vom Schnabel nach jedem Auge gehet, die Augen ſelbſt, ein anderer Strich, der unter denen Augen, gegen den Schnabel läuft, die breite Binde beym Anfange der Bruſt, die Flügel am obern Theile, und der Fleck an der Spitze der äuſſern Schwanzfedern. Von weiſſer Farbe aber ſind: die Kehle, der obere Theil der Bruſt, der Bauch, die Unterfläche der Flügel, der Schwanz, und die Schenkel. Die Flügel ſpielen von oben ins Violenfarbene. (o) Die erſte bis vierte vorderſte Schwingfedern haben weiſſe Spitzen, und die vierte iſt

---

o) Der Rücken, und die Oberfläche der Flügel, ſehen fahl oder bräunlicht grau, und ſpielen gegen die Sonne in grün, purpur, und violet. Der Kybitz brütet auf groſſen Riethen, zwiſchen denen Binſen, und auf Maulwurfshaufen, ohne weiche materialien zum Neſte zu nehmen. Leget 4. und 5. fahle mit groſſen ſchwarzen Flecken beſetzte Eyer, die ein Leckerbißlein groſſer Herren abgeben. G.

142) Tringa Gambetta.

Der Strandläuffer, mit rothen Schnabel und Füssen, gelb und aschgrau gefleckten, und von unten, weissen Körper. Linn. l. c.

Gambetta Aldrovandi. Ornithol. L. 27. Cap. 63.

U. Z. Er ist von oben graubraun, und gelb, und von unten weißlicht, und graubraun gefleckt.

aus dem T. C. Er hat die Statur des Streitvogels. Der Schnabel ist schwarz, der Bauch hat nur sehr wenig Flecken. Die Schenkel sind ganz ohne Flecken. Die ersten Schwingfedern sind braun, mit weissen Kielen. Der Schwanz ist graubraun, und hat schmutzigte Querbinden. (p)

p) Dieser Vogel scheinet Pluvialis flavescens Ionstonii. Hist. Nat. Av. Tit. II. C. IX. zu seyn, welchen Albinus Av. II. 61. 62. Dotterell benennet. In Thüringen ist er sehr selten, und streicht nur einzeln durch hiesige Gegenden, ohne hier zu bleiben. Der, den wir in unserer Sammlung haben, wurde im Herbst, beym Lerchenstreichen, des Nachts mit dem Garne bedeckt. Er hat die Grösse des Wachtelkönigs, der Kopf ist erhaben, der Schnabel wie beym Kybitz, doch ein wenig kürzer. Der Kopf, Halß, Rücken und Flügel, sehen graulicht schwarz, und sind mit

IV. Ordnung,

143) Das Strandläuferlein, lat. Tringa Hypoleacos.

Der Strandläufer, mit glatten Schnabel, bleyfarbenen Füssen, grauen Körper, mit schwarzen Düpflein und weissen Unterleibe. Linn. l. c. n. 9. Kram. El. p. 353. n. 3.

Crainisch Martinz.

U. Z. Die Wurzel des Schnabels, und die Füsse sind grün. Die Kehle, Bauch und Steiß, sehen weiß. Der Schwanz hat eine schwarze Spitze.

aus E. E. Vom Schnabel laufen gegen den Nacken, zwey braune Striche, die Spitze des Schnabels, und die Schwingfedern, sind graubraun. Die vierte bis sechste hat keinen Flecken, die übrigen aber, sind an ihrer innern Seite mit einem weissen Fleck bezeichnet. Der Schwanz hat abwechselnde, weisse und braun=

mit graulicht gelben runden Fleckgen häufig gleichsam betröpfelt. Brust und Bauch, sind schmutzig weiß, und an der Brust stehen länglichte erdfarbene Flecken. Man nennet diesen Vogel in Obersachsen das Dittgen, oder den kleinen Brachvogel. Wir haben ihn den ganzen Winter über lebendig erhalten, und mit gekochten und klar geschnittenen Fleisch ernähret. Er wurde sehr zahm. Im April aber, welches vermuthlich, die gewöhnliche Zeit seiner Wanderung ist, wurde er auf einmahl so unruhig, und flog so lange mit Ungestüm vor die Wände des Zimmers, bis er tod zur Erde fiel. G.

braungraue Querbinden. Die Dickbeine sind halb nackt, und die Zähen bis zur Helfte, mit einer Schwimmhaut verbunden.

Dieser Vogel nistet an den Flüssen, in denen Löchern derer Ufer, und legt fünf Eyer. Er kömmt im May bey uns an, und geht von uns weg, oder verbirgt sich im September.

144) Tringa Porzana.

Porzana Minor Ionst. Av. p. 169.

U. Z. Ist braungrau, und weiß gefleckt. Der Bauch, Steiß, und der Schwanz von unten, sind weiß.

aus E. C. Dieser ist grösser als der vorige. Schnabel und Füsse, nebst denen vordersten Schwingfedern, sind graubraun. Die mittelsten 4. Schwanzfedern, haben braune Spitzen und 2. braune Binden.

145) Grauer Pulroß, lat. Tringa Squatarola.

Der Strandläuffer mit schwarzen Schnabel, grünlichten Füssen, grauen Körper, und weissen Bauch. Linn. l. c. n. 23.

Pluvialis cinerea Ionston. av. Tab. LIII.

U. Z. Ist von oben braun und weiß bunt, und von unten schwarz mit einem weißlichten Steiße.

aus dem T. C. Hat einen weißlichten Kopf, braune Schwingfedern, mit weissen Kielen, einen weißen Schwanz, mit braunen Binden, und an der Spitze desselben eine schwarze Binde.

146) Das Rothbeinlein, lat. Tringa Erythropus.

U. Z. Ein schwarzer Schnabel, rothe Füße, und ein weißröthlichter Schwanz, mit einer schwarzen Binde am Ende.

aus dem T. C. Ist grösser, als der Streitvogel, und hat eine weißröthliche Stirn, und einen bräunlichen aschgrauen Körper. Die ersten sieben Schwingfedern sind schwarz, und die kürzern weiß. Der Bauch hat eine Rußfarbe, der größte Theil derer Dickbeine ist nackent. Der Steiß sieht aus wie der Schwanz.

Das Seelerchen=Geschlecht, lat. Charadrius.

Linn. Syst. Nat. p. 253.

Dieses Geschlecht unterscheidet sich von dem Strandläufer, und Schnepfengeschlecht dadurch, daß ihm die hintere oder die 4te Zähe mangelt.

147) Die Uferlerche, lat. Charadrius Hiaticula.

Die Seelerche mit schwarzer Brust, schwärzlichter und mit einer weißen Binde eingefaßter Stirn,

Stirn, braungrauen Scheitel und gelben Füssen. Linn. l. c. n. 1.

Charadrios Ionston. Av. p. 173. Tab. LIII.

U. Z. Die Wurzel des Schnabels und die Schienbeine sind gelb. Es geht eine schwarze Binde quer über die Stirn, und eine andere dergleichen quer über den Anfang des Halßes. Der obere Theil der Brust ist gleichfalls schwarz.

aus dem T. C. (q) Sie ist kleiner als eine Amsel. Der Kopf ist am Wirbel und Nacken braungrau. Ueber dem Schnabel ist eine weiße Binde, und nahe am innern Augenwinkel ein weißer Fleck befindlich. Die Kehle, übrige Brust, Bauch und Bürzel sind weiß, und der Rücken braungrau. Die vordersten Schwingfedern sind bräunlicht, und die Kiele nur an der Mitte weiß. Die äussersten Schwanzfedern sind weiß, und haben

q) Da Herr D. Scopoli diesen Vogel nicht aus seinem eigenen Cabinet, sondern aus dem Gräfl. Thurnischen beschreibet; So lässet sich daraus schliessen: daß er in Crain nicht allzuhäufig anzutreffen sey. Wir müssen dahero noch anmerken: daß er bey uns in Thüringen häufiger zu finden, allwo er den ganzen Sommer über an dem Saalstrohm herum irret. Er hält sich sonderlich auf denen niedern steinigten Ufern und Bänken auf, allwo er auch zwischen dem langen Wassergrasse brütet. Er ist nicht viel grösser als eine Lerche. G.

an der Spitze ein braunes Fleck. Die übrigen sind grau braun mit weissen Spitzen, und die mittelsten sehen ganz durchaus braun. Die Spitzen derer Dickbeine und die Schienbeine sind gelblicht

148) Das Dünnbein, Riemenbein, lat. Charadrius Himantopus.

Die oben schwarze und unten weisse Seelerche, mit einem schwarzen Schnabel, der länger ist als der Kopf, und rothen sehr langen Füssen. Linn. l. c. n. 11.

Himantopus Ionston, Av. Tab. LII.

U. Z. Der Schnabel ist länger als der Kopf. Die Flügel schwarz, und der Körper unten her weiß.

aus dem T. C. Hat einen schwarzen geraden Schnabel, dessen Oberhelfte länger und an der Spitze umgebogen ist. Der Kopf, und der Obertheil des Halßes sind schwarz und weißbunt. Die Flügel sind länger als der Schwanz, und die erste Schwingfeder ist länger als die übrigen. Die Beine sind wohl einer Spanne hoch, und die Dickbeine haben nur oben bey ihrem Ursprunge Federn. Die äussern zwey Zähen hangen bey ihrem Ursprunge mit einer Haut zusammen.

Stelzfüsse, Grallæ.

Das Geschlecht der Wasserhühner, lat.
Fulica.
Linn. Syst. Nat. p. 257.

Dieses Geschlecht hat vorn an der Stirn eine glatte Platte, und eyförmige Nasenlöcher. Der Oberschnabel ist convex und die Schienbeine doppelt so lang als der Schnabel. Die Mittelzähe ist nicht kürzer als das Schienbein.

149) Das Blaßhuhn, Weißbläße, lat.
Fulica Atra.

Das Wasserhuhn mit kahler Stirn, schwarzen Körper und belappeten Zähen. Linn. l. c. n. 2.

Das schwärzlichte Wasserhuhn, mit fleischfarbener Stirn und Schnabel. Kram. El. p. 387. n. 1.
Fulica Ionst. Av. Tab. XXXI.

Crainisch Lisca.

U. Z. Ist ganz schwarz, die Brust weißfleckigt, die Platte fleischfarben und die Zähen haben zu beyden Seiten flügelförmige Lappen.

aus E. C. Es hat die Statur eines zahmen Huhns. Beym Anfang des Rückens bemerkt man einige weißlichte Flecken. Jede Zähe hat drey Lappen.

150) Das rußfarbene Blaßhuhn, lat.
Fulica Fuliginosa

U. Z. Es ist braun schwärzlicht, die kurzen Schwingfedern haben weiße Spitzen. Die Platte ist weiß.

aus dem T. C. Es unterscheidet sich über dieses von dem vorherstehenden Blaßhuhn, durch seine grössere Statur, schmaleren Körper, Mangel der Flecken, doppelt kleinerer Stirnplatte, längern Schnabel und doppelt grössern Lappen derer Fußzähen.

151) Das weißbauchigte Wasserhuhn, lat. Fulica Albiventris.

U. Z. Es ist graubraun, mit weisser Kehle, Bauch und vordersten Schwingfedern.

aus dem T. C. Unter der Kehle steht ein halb eyförmiger, graubrauner Fleck. Der Kopf ist weißfleckigt und der Oberschnabel roth. Unter dem Schwanze stehen weisse Federn.

152) Das violette Wasserhuhn, lat. Fulica Porphyrio.

Das Wasserhuhn mit kahler Stirn, violfarbenen Körper und einfachen Zähen. Linn. l. c. n. 3.

U. Z. Der Kopf, Brust und Schwingfedern sind violet. Der Schnabel und die Platte roth, und die Zähen haben keine Lappen oder Flügel.

aus dem T. C. Die Platte ist rundlicht mit gleich laufenden Seiten, der Schnabel an denen Seiten zusammen gedrückt. Der Rücken hat eine grüne Farbe. Der Bauch und die Dick=
beine,

beine, sehen graubraun. Unter dem Schwanze sind weisse Federn.

153) Das grünfüßige Wasserhuhn, lat. Fulica Chloropus.

Das Wasserhuhn mit kahler Stirn, schwarzen Körper und einfachen Zähen. Linn. l. c. n. 2.

U. Z. Ist braun oder schwärzlich, die Schultern und die Federn unter dem Schwanze sehen weiß.

aus E. C. Es ist mir von dem Herrn Grafen Dismia de Barbo, einem grossen Liebhaber natürlicher Dinge, lebendig zugeschicket worden.

Die Platte an der Stirn, ist zinnoberroth, und glatt, und der Schnabel wachsgelb. Der Unterschnabel ist an der Spitze gelblicht. Die Schultern endigen sich in einen beinernen Höcker. Die Kehle ist bald schwarz bald weißlicht. Die Füsse sind schmutzig grün und unbelappt.

Man findet diesen Vogel zuweilen mit einer gelben Schnabelspitze und schwarzen Füssen.

Das Rall- oder Wachtelkönig-Geschlecht, lat. Rallus.

Lian. Syst. Nat. p. 261.

Es hat dieses Geschlecht einen dünnen Schnabel, der kürzer ist als die Zähen. Seine Füsse sind zum laufen eingerichtet, und die mittlere Zähe, ist entweder länger als die Schienbeine,

oder

oder doch wenigstens denenselben gleich. Die hintere Zähe aber, ist doppelt kürzer als das Schienbein. Die Zunge ist ein wenig gespalten und haarigt.

Die Rallen halten sich gerne in Sümpfen auf, laufen sehr hurtig, fliegen hingegen langsam, brüthen auf der Erde, und ihre Schienbeine haben öfters 14. Ringe.

154) Die Schnarre, oder gemeiner Wachtelkönig, lat. Rallus Crex.

Die Ralle mit röthlich rostfarbenen Flügeln. Linn. l. c. n. 1.

Crainisch Rostz.   Ital. Re di quaglia.

U. Z. Die Seiten sind schwarz, mit weissen Querstrichen, die kürzern Schwingfedern sind von unten, mit weissen Binden versehen, die Schultern haben eine weißlichte Farbe.

aus E. E. Hat die Statur der Amsel (r) einen röthlichten Schnabel und schwärzlichte Stirn, die mit rothgelb geflecket ist. Die Kehle und
die

---

r) In Thüringen sind die Schnarren oder Wachtelkönige grösser als Amseln und übertreffen noch die Wachtel. Sie leiden einander nicht in der Nähe, und nur ein einziges Paar bewohnet eine grosse Fläche Wiesen, die mehr als eine halbe Stunde im Umfange hat. Sie legen 12. bis 14. Eyer, die so groß sind als die vom Rebhuhn. Sie sehen weiß und haben grosse ziegelrothe Flecken. G.

die Brust sehen aschgrau, und die Flügel haben eben die Farbe wie die Stirn, die vordersten Schwingfedern sind braungrau.

Im Frühjahr schreyet er auf denen Aeckern und feuchten Wiesen Cre, Cre.

155) Der Wasserrall, lat. Rallus Aquaticus.

Der Rall mit grauen und braungefleckten Flügeln, weiß sprenklichten Seiten und gelben Schnabel. Linn. l. c. n. 2.

U. Z. Er hat einen gelben Schnabel. Der Körper ist von oben braunroth und schwarz, und von unten aschgrau.

Der Schwanz ist von unten röthlicht. Die Gegend zwischen denen Dickbeinen ist weißlicht.

156) Der meevenförmige Rall, lat. Rallus Lariformis.

Der Rall welcher von unten weißgelblicht siehet, mit blaulicht gefleckten Scheitel, und Zähen die mit einem Rande eingefasset sind. Linn. Syst. Nat. XI. n. 3.

U. Z. Am Anfang des Halßes sitzen zwey schwarz und weiße Bündlein Federn, die an die Brust angedrückt sind.

aus E. C. Die Mittelzähe ist nicht länger als das Schienbein. Der Oberschnabel hat an der Spitze ein Zähnlein.

Das Männlein ist obenher schwärzlich und hat schwarze Schwing- und Schwanzfedern. Die Dickbeine sind weißgelblicht, das Weiblein ist von oben graubraun mit schmutzigen Flecken, und von unten weißlicht mit eben solchen Flecken.

157) Der kleine Rall, lat. Rallus Parvus.

U. Z. Er ist obenher braungrau und fuchsroth geflecket, und unten her aschgrau. Der Schnabel ist gelblicht und beym Ursprunge röthlicht.

aus E. C. Er ist kleiner als die Schnarre (154) die Schwingfedern und Füsse sind braungrau, der Steiß hat weiße Flecken.

158) Das rallförmige Wasserhühnlein, lat. Rallus Fulicula.

U. Z. Es ist bräunlicht rostfarben und weißfleckigt. Die Kehle, Schultern, Bauch und Steiß sind weiß.

aus E. C. Ist etwas grösser als der vorhergehende. Der Schnabel ist gelblicht. Die Brust bräunlicht mit weissen Flecken. Der äussere Rand der ersten und andern Schwingfeder ist weiß und die Füsse grünlicht.

Zu Laubach wird es Makosch genennet, und läuft auf denen Wasserpflanzen, auf dem Wasser herum.

Das Trappen-Geschlecht, lat. Otis.

Linn. Syst. Natur. p. 264.

Dieses Geschlecht hat keine Hinterzähe, sondern statt dieser eine Falte in der Haut des Fusses. Die Nasenlöcher sind weit und zugespitzt.

159) Der Ackertrappe, die Trappganß, lat. Otis Tarda.

Der Trappe mit einem Federbusch auf beyden Seiten der Kehle. Linn. l. c. n. 1. Otis Jonston. Av. Tab. XXVI.

U. Z. Von oben braunroth und schwarzbunt. Die vordersten Schwingfedern sind schwarz, die Schwanzfedern aber entweder weiß oder braunroth.

aus dem T. C. Kopf und Halß sind von unten aschgrau, die Brust weißgrau, der Bauch, Steiß und Schenkel weiß, und die vordersten Schwingfedern haben weiße Spulen. Die kürzern Schwingfedern sind weiß. Die Schwanzfedern haben schwarze Binden. Die Schienbeine sehen braungrau und sind 8. quer Finger lang. Die mittlere Zähe besteht aus 20. Ringeln.

Der Trappe des Aldrovands ist eben dieser, nur hat er braune Schenkel und weisse Schwingen.

Die Federbüsche an der Kehle sind nicht bey allen Trappen befindlich (s)

Das Strauß-Geschlecht, lat. Struthio.

Linn. Syst. Nat. p. 265.

Die Schienbeine und Schenkel sind an diesem Vogelgeschlecht, ganz nacket, und anstatt der Hinterzähe findet man einen Knoten.

160) Gemeiner africanischer Strauß, lat. Struthio Camelus.

Der Strauß mit zweyzähigten Füssen. Linn. l. c. n. 1.

Struthio-Camelus Ionston. Av. Tab. XXI.

Ital. Struzzo.

U. Z. Er hat nur zwey Zähen.

aus

---

s) Die Weiblein haben keine Federbüsche an der Kehle, so, wie die jungen noch nicht ausgemauseten Männlein. Es muß dahero ein Trappenmännlein ein Jahr alt seyn, ehe es diesen Zierath bekömmt. In der platten und ebenen Gegend von Thüringen über dem Ilmflusse, brütet dieser Vogel im Sommer, zur Zeit der Ernte, in denen Fruchtfeldern an der Erde, auf sehr wenigen dürren Graßhalmen. Er legt nicht mehr als 2. und selten drey Eyer, welche grösser sind als ein Gänßeey, und an beyden Enden kolbig. Ihre Grundfarbe ist blaß leberfarben, mit grossen und kleinen gelbbraunen Flecken bezeichnet. G.

Stelzfüsse, Grallæ. 129

T. Wo 3. lebendige zu sehen sind.
wanz und Schwingfedern sind krauß.
mit entsetzlicher Geschwindigkeit und
mahls.

as Geschlecht Trachelia.

ram. El. p. 381. Pratincola.

e Helfte des Schnabels ist länger,
ere, und hat eine krumm gebogene
Sie hat 4. Zähen, davon die hintere
steht.

ie Wiesen Trachelia, lat. Pratincola.

a Kram. l. c. der sie zugleich ganz gut

hat eine weisse, mit einer schwarzen
gebene Kehle, und einen gablichten

C. Sie ist von der Statur der Am=
hat einen schwarzen Schnabel, dessen
elfte fast gerade, und kürzer ist, als
Er hat bey seinem Ursprunge eine
rbe. Die Schwanzfedern sind weiß,
enen Spitzen braun. Die vorder=
wingfedern sehen schwarz. Die mit=
ze ist doppelt länger als die Seiten=

en giebt es einige mit röthlichten

J V. Ord=

V. Ordnung.

Hühnerartige Vögel, lat. Gallinæ.

Die, in diese Ordnung gehörige Vögel, haben einen conveyen Schnabel, halbbedeckte Nasenlöcher, gebogene Schwingfedern, und starke Beine, deren Zähen von unten rauch anzufühlen sind.

Die Hühnerarten sind wachsam, und wohlschmeckend. Die Weiblein unterscheiden sich merklich von dem Hahne, haben einen geraden Flug, scharren gerne mit den Füssen, nisten auf der Erde, legen viele Eyer, und ernähren ihre Jungen, indem sie ihnen die Speisse mit dem Schnabel vorwerfen.

Das Pfauen=Geschlecht, lat. Pavo.

Linn. Syst. Nat. p. 267.

Die sehr langen Rückenfedern unterscheiden dieses Geschlecht von andern.

162) Der gemeine Pfau, lat. Pavo Cristatus.

Der Pfau mit gerade in die Höhe stehenden Federbusche auf dem Kopfe. Linn. l. c. n. 1. Pavo Meyer. Animal. Tab. I.

Crainisch, Pau. Ital. Pavone.

Hühnerartige, lat. Gallinæ. 131

U. Z. Der Kopf hat eine Federcrone.

aus E. C. Diesen allerschönsten Vogel, beschimpfen seine Füsse und sein Geschrey.

Eine ganz weisse Nebenart war in dem Kayserlichen Thiergarten zu Wien.

Das indianische Hühner-Geschlecht,
lat. Crax.

Linn. Syst. Nat. p. 269.

Die Federn auf dem Kopfe sind rückwärts gedrehet; Der obere Schnabel führet bey dem Hahne, einen grossen schwammigten Höcker.

163) Der schwarze indianische Hahn,
lat. Crax Niger.

Der schwarze Crax. Linn. l. c. n. 1.

U. Z. Ist schwarz, und hat einen weissen Steiß und Schwanzspitze. Die auswendigen Federn derer Schenkel sind länger, und sehen weiß.

aus dem T. C. Hat die Statur des Auerhahns. Es giebt eine doppelte Abänderung dieses Vogels, nemlich:

a) Mit in die Höhe stehenden Federn auf dem Kopfe, die einen Kamm vorstellen.

α) Da der Schnabel bey der Wurzel, nebst dem schwammigten Höcker, gelb sieht.

aus dem K. T.

β) Da der Schnabel bey der Wurzel, nebst dem schwammigten Höcker, blaulicht ist.

Befindet sich in eben diesem Thiergarten.

Der Körper hat von unten weisse Querstriche.

γ) Mit einem Schnabel der am Ursprunge roth sieht, und einen Schwammhöcker hat, (ist ein Männlein.)

aus dem T. C. Der schwammigte Höcker, hat die Grösse einer Haselnuß. Der Körper ist von unten ohne Flecken.

δ) Mit einem Schnabel ohne Höcker (ist ein Weiblein.)

aus dem T. C. Der Körper ist von unten weiß gestreifet und die Schenkel haben weisse Binden.

b) **Ohne in die Höhe stehende Federn auf dem Kopfe.**

Das indianische Huhn Gallina Indica Aldrovand. Ornith. L. 4. C. II.

aus dem T. C. Es hat einen rothen Schnabel, und darauf einen grossen birnförmigen Schwamm. Der Bauch und die Schenkel sind ohne Flecken. Die Schienbeine sehen röthlicht. Der berühmte Ritter von Linne machet verschiedene Arten (Species) aus diesen Abänderungen.

(c) Das

Hühnerartige, Gallinæ.

(t) **Das Fasanen-Geschlecht**, lat. Phasianus.

Linn. Syst. Nat. p. 270.

Dieses Volk hat nackete Wangen, und die Männlein sind hinten an ihren Beinen, mit einem harten beinernen Sporn bewafnet.

164) **Der Haußhahn**, lat. Phasianus Gallus.

Der Fasan mit zusammen gedrückten, und in die Höhe steigenden Schwanze. Linn. l. c. n. 1.

Gallus Meyer. Animal. 1. Tab. LXXV.

Crainisch, Petel. (der Hahn Kokusch.)

Ital. Gallo. (Die Henne) Gallina.

U. Z. Der senkrecht in die Höhe stehende Schwanz, ist mit dem aufgerichteten Körper, paralell.

aus E. E. Und wird allenthalben zur Zucht gehalten.

Das Hahnenvolk führet einen Kamm, ist geil, eifersüchtig, wäschigt, vielfarbigt, und von vielerley Abänderungen. Es schläft gern an erhabenen Orten, und verschluckt kleine Steinlein.

---

t) Warum der Herr Auctor den Truthahn oder Calecutschen Hahn (Meleagris Gallo Pavo Linnei) welcher, zwischen dem Crax, und Fasanen-Geschlechte, hätte angeführet werden sollen, ganz mit Stillschweigen übergangen habe? davon ist uns die Ursache nicht bekannt. S.

V. Ordnung,

Es kann kein Hahn seines gleichen neben sich leiden, sondern kämpfet mit demselben, und hacket sonderlich nach des andern Kamme. Wenn ein Hahn krähet, so antwortet der andere in einer grossen Entfernung. Er ruffet die Hühner zusammen wenn er einige Speise findet, und warnet sie, wenn er einen Feind gewahr wird.

Die Henne hat keine krumme Federn im Schwanze, sie schreyet oder kackert so oft sie ein Ey gelegt hat, und verändert ihre Sitten sehr, wenn sie brüthet, oder ihre Küchlein führt.

In Crain giebt es Hähne mit Kämmen, Hähne ohne Schwänze, mit kraussen Federn, und ganz kleine Zwerghähne. In dem Gräflichen Thurnischen Cabinet ist ein gehörnter. (v) Keine gute Mahlzeit kann bey uns vollbracht werden, es sey denn ein Hahn dabey.

165)

v) Dergleichen gehörnte Hähne bringt die Natur nicht hervor, sondern man kann sie durch Kunst machen, so oft man beliebt, wenn man einem jungen Hahne die Sporn abschneidet, und solche sogleich, in die Wunde des zugleich abgeschnittenen halben Kammes tief einschiebet, hierauf aber den Hahn so lange ruhig zuerhalten suchet, bis einige Tage verflossen sind, damit die Sporn nicht wieder abgestossen werden. Es verwächset in wenig Tagen alles sehr genau, und die neu erschaffenen Hörner, nehmen mit der Grösse des Hahnes, täglich zu, und erlangen oft eine abentheuerliche Länge und Krümme. G.

Gallina Guinea Aldrovand. Ornith. L. 14. C. 13.
Ionſton. Av. p. 84. Tab. XXX.

Crainiſch, Pagati.

U. Z. Auf der Stirn ſtehet ein rückwärts gebo=
genes Stückgen Fleiſch. Die Schwingfedern
ſind weiß. Der Schwanz aber kurz und keil=
förmig.

aus E. C. Es hat einen nackten, mit Porſten
beſetzten Kopf, platte Stirn, und neben der
Wurzel des Unterſchnabels zwey röthlichte
Bärtgen.

Die erſte Nebenart, hat einen ſchwarzen, mit
weiſſen Punkten, auch runden und eyförmigen
Flecken, beſetzten Körper.

Die andere Nebenart, hat einen weiſſen et=
was gefleckten Körper. Sie legt röthlichte Eyer
mit dunklern Punkten und Flecken.

166) Der gemeine Faſan, lat. Phaſianus Colchicus.

Der braunrothe Faſan, mit blauen Kopfe.
Linn. l. c. n. 3.

U. Z. Der Kopf iſt grünglänzend, und der Halß
ſpielet blau, die Bruſt aber glänzt wie Kup=
fer. Die zwey mittlern Schwanzfedern ſind
länger als die übrigen.

aus dem T. C. Er ist so groß als ein Hahn. Die Federn auf dem Rücken sind schwarz, mit einem glänzenden, kupferfarbenen Rande, und schwarzen Spitzen. Die Schwingfedern sind graubraun mit weissen Flecken. Die Schwanzfedern haben einen rothen Rand, und der Schnabel ist gelblich.

167) **Der weiß und schwarze Fasan,**
lat. Phasianus Nycthemerus.

Der weisse Fasan mit schwarzen Kamm und Bauch. Linn. l. c. n. 6.

U. Z. Er ist von oben weiß mit schwarzen Strichen, und von unten schwarz.

aus dem T. C. und K. T. in welchem letztern er lebendig zu sehen. Die Spitze des Oberschnabels, ist gegen die linke Seite gebogen. Die Haut um die Augen ist roth, nackt und erhebt sich auf beyden Seiten in ein Horn, das gegen die Stirn gerichtet ist, der Federbusch am Hintertheile des Kopfs, und die Schenkel sind schwarz, der Schwanz aber weiß, lang und senkrecht. Die Füsse haben eine rothe Farbe. Das Männlein hat weisse und schwarz gestreifte Flügel.

Das Weiblein aber ist von oben braun und roth bunt, und von unten bleicher. Die Haut um die Augen, hat nur Warzen.

Das

Linn. Syst. Nat. p. 273.

Sie haben nackte Augenlieder, deren das Obere, oder die Augenbraun, mit Warzen besetzet ist.

* mit rauchen Hasenfüssen.

168) **Der Auerhahn,** lat. Tetrao Urogallus.

Das wilde Huhn, mit rauchen Füssen, und weissen Achseln, an dem die äussern Schwanzfedern kürzer sind. Linn. l. c. n. 1.

Urogallus Ionston. Av. p. 57. Tab. XXV.
Lagopus maximus Klein. Av. p. 214.

Crainisch, Devi Peteln. Ital. Cedrone.

U. Z. Er hat weisse Achseln, und schwarze Schwanzfedern, davon die mittelsten die längsten sind.

aus E. C. Er ist die größte Art dieses Geschlechts, hat einen starken hornfarbenen Schnabel, einen schwarzen Kopf, scharlachrothe Augenbraunen, und das untere Augenlied ist nackt. Der Halß ist allenthalben schwarz mit weissen Punkten. Die Brust ist im Anfang glänzend grün, übrigens aber schwarz, und in der Mitte weiß gesprenkelt. Der Steiß, oder die Gegend unter dem Schwanze, sieht weißlicht, die Schenkel weiß und schwarzfleckigt.

ckigt. Die Füsse sind mit graubraunen Federn bedeckt. Der Rücken ist schwärzlich, die Flügel röthlicht, und unten her weiß. Die Schwingfedern sehen braun, jedoch ist die dritte, vierte und fünfte, am äussern Rande weiß. (Hier wird ein Hahn beschrieben) (w) Er dichtet, oder palzet auf den Gipfeln hoher Bäume sein Hochzeitlied ganz entzückt. Er ist theuer und kostbar, und hat die allerkürzeste Zunge, jedoch fehlet ihm dieselbe nicht gänzlich, wie einige Jäger träumen.

169)

w) Die Henne sieht ganz anders aus, und hat von denen Farben des Hahns wenig oder nichts. Sie ist merklich kleiner. An der Kehle und vorn auf der Brust sieht sie braungelb. Kopf, Halß und Brust, sind braungelb, schwarz und weißbunt. Die Flügel und der Rücken sind fahl und schwarzsprenklich, mit ganz einzelnen, dazwischen eingestreueten weissen Fleckgen. Die vördersten Schwingfedern sind schwarzbraun, und an ihrer äussern Seite braungelbe. Die Schwanzfedern sehen braunroth, haben schwarze Querbinden, und eine weisse Spitze. Die mittelsten sind mehr als einen Zoll länger als die äussern. Die Wolle der Beine, ist schmutzig weiß, mit vielen grauen Punkten besprenget. Sie brühet gern unter kleinen Fichtenbüschlein, auf der Erde und legt 16. und zuweilen noch mehr Eyer. Diese sind nicht grösser als ein zahmes Hühnerey, jedoch an einem Ende spitziger. Sie haben eine schmutzig weisse Farbe und sind mit ziegelrothen Punkten und kleinen Fleckleinhäufig bestreuet. G.

ühnerartige, Gallinæ.

Birkhahn, lat. Tetrao Tetrix.
e Hahn, mit rauchen Füssen, und
ize. Dessen kürzere Schwingfedern,
rem Ursprunge, weiß sind. Linn. l.

ello. Gallina Sforzella
t schwarz blaulicht. Die Gegend
i Schwanze, ingleichen die Flügel
i, sehen weiß. Auf jedem Flügel ist
te weisse Binde. Die äussern
federn sind länger als die übrigen, und
krumm gebogen.
C. An statt des Augbrauns, findet
n halb mondförmigen, mit Warzen
rothen Fleck. Die Schwingfedern
raun mit weissen Spulen, mitten
Rande eines jeden Flügels ist noch
weisser Fleck befindlich. Die übri‐
anzfedern sind gerade, und die mit‐
el kürzer als die andern. Die Henne
, und ist braun und rothbunt, mit
n Beinen. (x)

170)
Rücken, und Halß sind braungelb oder
en, und mit dichten schwarzen Quer‐
besprenget. An der Brust, und am
ist unter diesen Farben, viel Weißgraues
dahero es daselbst mehr weiß, und
bunt sieht, als anderwärts. Die Kehle
gelb mit schwarzen Punkten, die Augen‐
zinnoberroth. Die Flügel sind braun
und

170) **Das Schneehuhn,** lat. Tetrao Lagopus.

Das wilde Huhn mit wollichten Füſſen, weiſſen Schwing- und schwarzen Schwanzfedern, die nur an der Spiße, die mittelſten aber ganz weiß ſind. Linn. l. c. n. 4.

Lagopus Ionſton. Av. p. 66. Tab. XXVIII. Perdix alba. Klein. Hiſt. Av. p. 215. §. LVII. fig. 5.

Ital. Daina. Gallina bianca.

U. Z. Ein ſchwarzer Schwanz.

aus dem T. C. Es iſt weiß. Der Schnabel ſchwarz. Zwiſchen dieſem, und denen Augen, ſteht ein ſchwarzer Fleck. Die mittelſten Schwanzfedern, haben an der Spiße, weiſſe Ränder. Es giebt eine Nebenart, an welcher und ſchwarzſprenklicht, und mitten über jeden, läuft eine weiſſe Querbinde. Die vorderſten Schwingfedern ſind grau braun, und an ihrer äuſſern Seite, mit blaſſen Fleckgen beſetzt, die kürzern Ruderfedern aber, ſind braun und ſchwarzbunt, und an der Spißen weißlicht. Die Schwanzfedern ſind nicht gekrümmet wie beym Hahne, jedoch ſind die äuſſern gleichfalls merklich länger, als die innern. Sie ſehen ſämmtlich röthlich braun, mit groſſen graubraunen bindenförmigen Querflecken. Die Federn unter dem Schwanze ſind lang und weiß, jede derſelben, hat nahe an der Spiße, eine ſchwarze Querbinde. Die Wolle der Füſſe iſt ſchmutzig weiß mit grauen Punkten. G.

cher Kopf, Brust, Halß und Rücken, nebst
denen, auf dem Schwanze liegenden Federn
weiß, roth, und schwarzbunt sind, und diese ist
eben die, welche Aldrovandes L. 13. C. 21.
alterum Lagopodis Genus in Helvetiæ monti-
bus nennet.

171) **Der bunte Rauchfuß,** lat. Tetrao
Nemesianus.

Tetrao nemesiani Poetæ Aldrov. Ornith. L. 13.
C. 8.

U. Z. Der Körper ist schwarz und fuchsroth geflecket, der Schwanz fuchsroth, mit schwarzer
Spitze, und schwarzen Flecken.

aus dem T. C. Hat die Statur des Birkhahns.
Die vordersten Schwingfedern sind graubraun,
und an der äussern Seite derselben, stehen
röthlichte Flecken. Die kürzern Schwingfedern aber, haben weisse Spitzen.

Das Männlein hat unten am Halße, schwarze
Querflecken, und der fuchsrothe Unterleib, ist
schwarzfleckig. Bey dem Weiblein aber, ist der
Halß, die Backen, und die Brust fuchsroth und
ohne Flecken.

172) **Der kleine bunte Rauchfuß,** lat.
Tetrao Betulinus.

Grygallus minor Aldrovand. Ornithol. L. 13.
C. 9.

U. Z.

V. Ordnung,

U. Z. Ein schwarzer Schwanz, mit braunrothen
Querflecken, und weisser Steiß, mit schwar=
zen Binden.

aus dem T.C. Er hat keine rothen Augenbraunen.
Die Brust ist graulicht, Schnabel und Füsse
schwarz. Die Schwingfedern haben weisse
Spitzen, und der Körper ist braunroth, und
schwarzbunt.

173) **Das Haselhuhn,** lat. Tetrao
Bonasia.

Das wilde Huhn, mit rauchen Füssen, dessen
sämmtliche Schwanzfedern, ausgenommen die
zwey mittelsten, aschgrau und schwarz punktiret
sind, und eine schwarze Binde haben. Linn. l. c.
n. 9. Kram. El. p. 356. n. 4.
Gallina Corylorum. Ionston Av. p. 60. Tab.
XXV. Meyer. Animal. 1. Tab. LXXXIX.

Crainisch, Podlesck. Ital. Francolino.

U. Z. Die Beine sind nur halb rauch, an jedem
Ohr hat es einen weissen Fleck, und an der
Spitze des aschgrauen Schwanzes, steht eine
schwarze Querbinde.

aus C. C. Der Körper ist röthlicht und braun
gefleckt, der Rücken aber aschgrau und roth=
bunt. Das Männlein hat eine schwarze
Kehle.

Es nähret sich von denen Knospen der Bäu=
me, und von Kräutern.

** Reb=

Hühnerartige, Gallinæ.

** Rebhüner, oder mit glatten Füssen.

174) **Das Steinhuhn oder Berghuhn,**
lat. Tetrao Rufus.

Das wilde Huhn, mit blutrothen Schnabel und Füssen, und weisser Kehle, die mit einer schwarzen weiß punktirten Binde eingeschlossen ist. Linn. l. c. n. 12.

Crainisch Cottorna. Ital. Cottorno.

U. Z. Schnabel und Füsse sind roth, und der Halß weiß. Die weisse Farbe des Halßes aber, wird von einer schwarzen Linie eingeschlossen, welche beym Anfange des Schnabels entspringet, alsdenn auf beyden Seiten, über denen Augen hinweg, und durch die Ohren, bis fast zum Ende des Halßes, hinab läuft, wo sich beyde mit einander vereinigen.

aus E. E. Ist mir aus der Tolminischen Grafschaft, von dem Herrn Grafen Coronini zugeschicket worden.

Es hat die Grösse des Haselhuhns. Der Kopf, der übrige Theil des Halßes, und die Brust sind aschgrau. Der Bauch fuchsroth. In denen Seiten stehen schwarze Striche, und der Schwanz ist braunroth.

175) **Das Rebhuhn** lat. Tetrao perdix.

Das wilde Huhn mit nackten Füssen, einen scharlachrothen, nackten Flecken an denen Augen,
rost-

Perdix Ionston. Av. Tab. XXVII. Meyer. Animal.
1. Tab. LXXXVIII.

Crainisch, Ierebitza. Ital. Pernice.

U. Z. Die Kehle und der Schwanz sind braun=
roth. Mitten auf dem Bauche stehen zwey
castanienbraune Flecken.

aus E. C. Die Brust ist aschgrau und hat schwarze
Punkte. Von jedem Auge geht ein röthlich=
ter Streif nach dem Nacken. Die Flügel
werden durch weißlichte Linien ziemlich bunt.

176) **Die Wachtel,** lat. Tetrao Coturnix.

Das wilde Huhn, mit nackten Füssen, grauen
bunten Körper, weissen Augenbraunen, und
Schwanzfedern, die einen rostfarbenen Rand und
dergleichen halbmondförmige Fleckgen haben.
Linn. l. c. n. 20. Kram. El. n. 7.

Coturnix. Ionst. Av. Tab. XXVII. Meyer. Anim.
Tab. LXXX.

Crainisch, Perpelitza. Ital. Quaglia, Quaja.

U. Z. Sie ist so groß wie die schwarze Amsel.
Der Körper ist weißlicht, braun roth und grau
melirt.

aus E. C. Das Männlein hat eine schwarze
Kehle, und rostfarbene Brust, die mit länglich=
ten weissen Strichen besetzt ist. Das Weib=
lein aber, hat eine weißlichte Kehle, und bläs=
sere Brust mit eben solchen Strichen.

Ihre

Hühnerartige, Gallinæ.

Ihre Ankunft ist um St. Georgentag. Sie streicht des Nachts. Im August und September Monat reiset sie wieder ab, denn sie kann wieder die Natur aller andern wilden Hühnerarten, die Kälte nicht vertragen.

Das Männlein ist sehr geil. Seine sonderbare Stimme, die es mit aufgeblasener Kehle, verschlossenen Augen, und aufgehabenen Halße, gleichsam heraus presset, höret man in denen Feldern von weiten. Es zerreisset sein Nest, wirft die Eyer umher, hat im Frühjahr einen übeln Geruch, und wird im Herbste sehr fett. Das Weiblein antwortet dem Männlein mit einer zärtlichen Stimme, brüthet allein, und scheidet sich solange von dem Männlein. Es hat acht bis 12. Eyer. (y)

Ein gewisser Bischoff in Italien, erhält sich, und seine Hoffhaltung, bey nahe, vom bloßen Wachtelfange.

> y) Diese Eyer sind unten sehr zugespitzt, und oben kolbigt. Sie sehen gelblicht fahl, und haben grosse olivenfarbene oder grünlicht braune Flecken, zwischen welchen einige kleinere stehen. Das ganze Ey glänzet als ob es laquirt wäre. G.

VI. Ordnung.

Sperlingsartige Vögel, lat. Passeres.

Diese neu erfundene Ordnung, fasset sowohl dick als dünnschnäblichte Vögel, mit, und ohne Gesang in sich: Sie vereiniget sowohl Insectenvögel, als auch die, so sich vom Gesäme nähren, ob sie schon im übrigen, in Betracht ihres Körperbaues, ihrer Art zu nisten, und ihrer Sitten, unter sich sehr unterschieden sind. Denn wer getrauet sich wohl, die Taube mit der Lerche, den Geißmelker mit dem Finken, und die Drossel mit der Schwalbe zuverbinden? Man sieht hier unabsehliche Schwierigkeiten, die aber solange unüberwindlich bleiben, als diejenigen Eigenschaften noch verborgen sind, auf welche die natürlichen Ordnungen gegründet werden.

Das Tauben=Geschlecht, lat. Columba.
Linn. Syst. Nat. p. 279.

Dieses Geschlecht hat erhabene, weiche, und etwas verschlossene Nasenlöcher. Die Schienbeine sind mit vieleckigten, aneinander stossenden Schuppen, netzförmig überzogen.

Der

und gebogenen Kopfe, und ladet sie mit einem sonderbaren Gemurmel zur Liebe ein. Gegen seine Feinde streitet er, indem er mit denen Flügeln nach ihnen schläget.

177) **Die Feldtaube, Haußtaube,** lat. Columba Oenas.

Die bläulichte Taube, mit obenher grünglänzenden Halße, schwarzer Binde in denen Flügeln, und schwarzer Schwanzspitze. Linn. l. c. n. 1.

Crainisch, Golob. Ital. Columbo.

U. Z. Sie ist aschgrau. Die Flügel haben eine schwarze Querbinde, und die Spitze des Schwanzes ist rußig.

aus E. E. Am Halße findet sich kein Fleck von anderer Farbe. Die Schultern sehen wie der Rücken. Sonst hat man in denen Taubenhäußern, fast unendliche Abänderung derer Farben, und es ist nur allein die Statur, die Fruchtbarkeit und die Liebe zur Gesellschaft, unveränderlich.

178) **Die wilde Taube, Ringeltaube,** lat. Columba Palumbus.

Die Taube, mit unten schwarzen Schwanzfedern, und auf beyden Seiten weissen Halße. Deren vorderste Schwingfedern am äussern Rande weißlicht sind. Linn. l. c. n. 19.

Crainisch, Griunik. Ital. Columbo savaro.

U. Z. Der Halß ist unten auf beyden Seiten weiß. Der Rand eines jeden Flügels hat eine gleiche Farbe, und unter denen Schultern stehen einige Federn, die an denen Spitzen, und innern Seite, gleichfalls weiß sind.

aus E. C. Sie ist grösser als die vorige. Der Anfang des Schnabels und die Füsse sind roth. Sie bauet ihr Nest auf Tannen, Eichen und Buchen.

179) **Die grunzende oder blökende Taube, die Taube mit aufrecht stehenden Federbusch,** lat. Columba Mugiens.

Die gekrönte Taube. Linn. l. c. n. 17.

U. Z. Der Kopf ist mit gerad in die Höhe stehenden Federn gecrönet, und in denen Flügeln stehet eine weisse Querbinde.

in dem K. T. Sie ist so groß als ein Huhn. Die Augen stehen innerhalb eines braunen Flecks. Kopf, Halß und Brust, sehen bleygrau. Die Schultern und die Helfte derer Flügel haben eben die Farbe, welche die Obstmotte (Phalæna Querzifolia) hat. (z) Der übrige Theil derselben, sieht aus wie der Kopf. Der Schwanz ist bleyfarben, die Spitze aber bleicher.

z) Das heißt: sie haben eine blauröthlichte Farbe. E.

cher. Die Füſſe ſehen aſchgrau mit ſchwarzen Flecken.

Wenn der Taubert die Taube liebkoſen will; ſo zieht er den Kopf gegen die Bruſt, und giebt eine Stimme von ſich, die dem Grunzen oder Blöcken des Viehes gleichet.

Sie niſten in dem Vogelhauße des Thiergartens, auf denen Bäumen, und machen aus Heu und Reißig ihr Neſt. Sie ſitzen im brüthen nicht auf dem Neſte, ſondern ſtehen nur darauf, weshalber ſie auch niemahls einige Junge daſelbſt ausgebracht haben.

180) **Die dem Steinhuhn ähnliche Taube**, lat. Columba Tetraiodes.

U. Z. Sie hat einen ſchwarzen Kopf und Halß, und das Schwarz iſt von einer weiſſen Linie eingeſchloſſen, wie bey dem Steinhuhn.

aus dem K. T. Sie iſt eben ſo groß als das Steinhuhn.

181) **Die Turtultaube**, lat. Columba Turtur.

U. Z. Auf beyden Seiten des Halßes ſtehen drey ſchiefe ſchwarze halbe Monde.

aus E. C. Der Kopf iſt aſchgrau, die Stirn weißlicht, die Gegend zwiſchen den Augen und der Stirn, ſiehet weiß, der Schnabel braun und die Bruſt röthlicht fleiſchfarben.

VI. Ordnung,

Bauch und Steiß sind weiß, der Rücken braun roth und schwarz gefleckt, und der Schwanz schwärzlich mit einer weissen Spitze. Sie hat rothe Füsse.

Diese kommt der Turteltaube des Ionstons Tab. XXXIII. sehr nahe.

182) **Die Lachtaube**, lat. Columba Risoria.

U. Z. Sie hat auf jeder Seite des Halßes nur einen einzigen schwarzen halben Mond, der oberwärts weiß eingefaßt ist.

aus E. C. Sie ist in Crain einheimisch (a) der Rücken ist ohne alle Flecken und die Flügel sind röthlicht.

Der Taubert thut, so oft er seine Taube anruffet, allezeit zwey Sprünge gegen die Taube. Er drehet sich beym ruchsen nicht im Ringel herum, schläft des Nachts auf eine sehr treue Art, an der Seite der Täubin, und lacht bey Tage überlaut.

Die

a) Es ist ungewiß, ob der Herr Verfasser verstehe! daß die Lachtaube in Crain wild wohne; oder ob er nur sagen wolle: daß sie daselbst in denen Stuben erzogen werde? Im letztern Fall ist sie in Thüringen auch einheimisch, denn sie wird aus Aberglauben, in vielen Stuben gehalten, weil sie alle Flüsse und Schmerzen an sich ziehen soll; ob wir schon übrigens versichert sind, daß ihr Vaterland ausländisch sey. G.

Die Turteltaube und die Lachtaube des Linnei, sind mir nicht bekannt, denn er sagt: daß sie beyde aus Indien sind, und macht eine solche Beschreibung davon, daß sie mit der unsrigen kaum etwas gemein haben.

183) **Die ganz kleine amerikanische Taube**, lat. Columba Passerina.

Die Taube mit dunklern Schwanz und Schwingfedern, purpurfarbenen Körper, und gelben Schnabel und Füssen. Linn. l. c. n. 34.

U. Z. Sie ist nicht grösser als eine Lerche. Schnabel und Füsse sind roth, und die Flügel schwarzfleckigt.

Der berühmte Herr Iaquin hat selbige auf denen Sträuchen, auf den Felßen, in Südamerika gefangen und in den Kayserlichen Thiergarten gebracht. Der Schnabel hat eine schwärzlichte Spitze. Der Kopf ist aschgrau, mit braunen Flecken. Die Brust siehet aschgrau und braunbunt, und die Flügel fallen in die Fleischfarbe.

Das Lerchengeschlecht, lat. Alauda.
Linn. Syst. Nat. p. 287.

Die Hinterzähe dieses Geschlechts, ist beynahe gerade, und eben solang, als der daran sitzende Sporn. Die 4. ersten Einschnitte derer Schienbeine, sind einander fast gleich. Die andere Schwingfeder ist länger, als die übrigen.

Die Nasenlöcher sind mit kleinen Borsten bedeckt.

184) Die Feldlerche, lat Alauda Arvensis.

Die Lerche, an welcher die zwey äussersten Schwanzfedern auswendig länglicht, weiß, und die mittelsten an ihrer innern Seite, rostfarben sind. Linn. l. c. n. 1. Kram. El, p. 362. n. 2. Alauda Ionston. Av. Tab. XXXVII. Meyer. Animal. 1. Tab. XCVII.

Crainisch, Lauditza. Ital. Calandra.

U. Z. Wenn sie sich gepaaret hat, so erhebt sie sich in lauter Schraubenlinien in die Luft, und singt sehr lieblich dazu.

aus E. E. Ich halte davor: daß dieser Vogel sich zur Winterszeit, wie die weiße Bachstelze in Schlupfwinkeln verborgen halte, damit er, sobald er in denen ersten Frühlingstagen erwacht, sogleich die vom Schnee halb entblößten Felder besuchen, und mit unermüdeten Gesängen die neuen Blumen besingen könne.

Der Vogelfang der Lerchen, der im Herbste mit dem Spiegel und Garne, angestellet wird, ist sehr angenehm.

185) Die Schopflerche, lat. Alauda Cristata.

Die Lerche, mit gekrönten Kopf und schwarzen Schwanzfedern, davon die zwey äussersten, an ihren

ihren auswendigen Rande weiß sind. Linn. l. c. n. 6.

Die Lerche mit niederhangenden Kamm. Kram. Bl. p. 362. n. 1.

U. Z. Sie hat einen hangenden Federkamm, den sie, wenn sie furchtsam ist, aufrichten kann.

aus dem T. C. Die äusserste Schwanzfeder ist an einer Seite braunroth, und die Hinterzähe nicht länger, als der daran sitzende Sporn.

186) **Die Baumlerche, Heydelerche,**
    lat. Alauda Arborea.

Die Lerche, mit einer ringförmigen, weissen Kopfbinde. Linn. l. c. n. 3.

U. Z. Sie hat braune Schwanzfedern, davon die erste an der auswendigen Seite halb weiß ist. aus C. C.

Crainisch, Zippa. Ital. Tordina.

Sie streicht am Ende des Sommers hinweg, und kann den Winter nicht ertragen. Sie wird sehr fett wie die Drossel.

187) Alauda Spinoletta.

Die Lerche mit braunen Schwanzfedern, davon die zwey äussersten eine schiefe weisse Helfte haben. Linn. l. c. n. 7.

Crainisch, Mala Zippa. Ital. Quina.

u. Z. Der Kopf ist braun und ohne Flecken, und die hintere Zähe ist länger, als der daran sitzende Sporn.

aus E. C. Sie hat einen dünnern und längern Schnabel, als die vorhergehenden Gattungen. Die Schwanzfedern sind schwärzlich, und die äusserste fast ganz, die darauf folgende aber, nur an der Spitze weiß. Es bleiben einige hiervon im Winter hier, und halten sich um die warmen Quellen auf, die nicht zuwintern. Dieser Vogel nistet in sumpfigten Gegenden.

188) **Die Winterlerche**, lat. Alauda Brumalis.

Ich habe diese Lerchenart, alle Jahre, in bergigten Gegenden, der Grafschaft Tyrol gesehen. Sie ist kleiner als die vorige, und zischet klärer, und öfterer hinter einander. Sie flieget aus denen mit Rüben besäeten Feldern, in die Höhe, und setzt sich bald darauf wieder nieder.

Im October streichet sie schaarenweiß, und kann den Winter nicht ertragen. An Wassern hält sie sich nicht gern auf. Die Italiäner geben ihr daselbst den Nahmen: Squizzetina.

Das Staargeschlecht, lat. Sturnus.
Linn. Syst. Natur. p. 290.

Dieses Geschlecht, hat Nasenlöcher, die durch eine convexe Haut halb verschlossen sind. An denen

Sperlingsartige, Passeres.

nen Schienbeinen befinden sich 8. Einschnitte, davon der 3. und 4. grösser sind, als die übrigen.

189) **Der gemeine Staar**, lat. Sturnus Vulgaris.

Der Staar mit gelblichten Schnabel und schwarzen Körper mit weissen Punkten Linn. l. c. n. 1.

Sturnus vulgaris Ionston. Av. p. 109. Tab. XL.

Crainisch Starl. Ital. Storlino.

U. Z. Der schwarze Körper spielet grün und violet. Rücken und Bauch sind mit weissen Punkten bestreuet.

aus E. C. Er ist bey nahe so groß als die schwarze Amsel. Der Schnabel ist im Frühjahr gelb, im Herbste aber schwärzlicht, und das untere Augenlied halb nacket. Er hat eine rinnenförmige Zunge, die mit einem Rande, der haarigte Einschnitte hat, versehen ist. Die Füsse sehen röthlicht.

Er besucht schaarenweiß die Heerden des Rindviehes, läuft daselbst herum, und sucht bey ihnen das Gewürm auf. Mit dem gemeinen Raben ist er gern in Gesellschaft.

190) **Der gelbe Staar**, lat. Sturnus Luteolus.

Der gelbe Staar mit grau braunen Kopfe, fleckigter Brust und braungelben Flügeln. Linn. Syst. Nat. XI. n. 2.

U. Z.

U. Z. Er ist gelb und hat einen schwarzen Kopf, Kehle, Schwanz und Flügel. Durch die Flügel geht eine weiße Binde.

aus dem T. C.

191) Die rosenfarbne Drossel, lat. Turdus Roseus.

Die rosenfarbene Drossel, mit schwarzen Kopf, Flügeln und Schwanze und gekrönten Hinterkopf. Linn. Syst.Nat. XI. 294. n. 15. Turdus roseus Klein. hist. av. p. 134. n. XXXVII.

Merula rosea Ionst. Av. Tab. XL.

U. Z. Sie ist schwarz und hat einen rosenfarbnen Rücken, Brust, Bauch und Steiß.

aus E. C. Sie hat die Grösse der Weißdrossel oder Zippe, und einen weissen Schnabel, dessen untere Helfte an ihrer Wurzel schwarz ist. Die Füsse sind gleichfalls weißlicht wie der Schnabel.

Der Schnabel unterscheidet sich, von dem Schnabel des gemeinen Staaren bloß darinne, daß dessen obere Helfte mehr zugewölbet ist.

192) Der Staar mit einem Halßbande, lat. Sturnus Collaris.

U. Z. Er ist aschgrau mit braunen Flecken, hat eine weisse braungefleckte Kehle, und braunrothe Seiten.

aus

aus E. E. Er wohnet nicht nur im Herzogthum Crain, sondern ist mir auch aus Kärnthen zugeschickt worden.

Er ist von der Grösse des kleinen Neuntödters oder Dorndrähers (Lanius Collurio n. 19.) Der Körper hat von oben eine dunklere Farbe, und die Flecken auf dem Rücken, sind grösser. Der Oberschnabel siehet braun mit einem blaß gelblichten Rande, der Unterschnabel aber gelblicht mit brauner Spitze. Das Weisse am Halße ist ausgedähnet, und beym Ursprunge schwarz.

Die Brust hat eine bräunlicht aschgraue Farbe, und der Bauch ist fuchsroth sonderlich an beyden Seiten. Der Steiß ist weiß und braungefleckt, und die Schwingfedern schwärzlicht mit röthlichten Spitzen. Die Schwanzfedern sehen braun und an denen Spitzen fuchsroth. Die Schenkel sind braun und die Füsse hornfarben.

Dieses ist ein einsamer und seltener Vogel. Er frißt sowohl Insecten als Gesäme, bewegt den Schwanz öfters, und singt sehr klar und heiser. Er verbirgt sich in die Hölen wenn er ausruhen will.

Das Drossel=Geschlecht, lat. Turdus.

Linn. Syst. Nat. p. 168.

Dieses Geschlecht hat an denen Schienbeinen nur zwey Einschnitte, nicht weit von denen Zähen und sonsten nirgends wo.

193) **Der Mistler oder Schnarre,** lat. Turdus viscivorus.

Die Drossel mit braungrauen Rücken, weißfleckigten Halße, und gelblichten Schnabel. Linn. l. c. n. 1.

Die Drossel mit graubraunen Füssen, und unten her weissen Flügeln Kram. El. p. 361. n. 6.

U. Z. Die Flügel von unten, nebst dem Bauche, denen Federn unter dem Schwanze und Schenkeln sind weiß, die Füsse aber graubraun.

aus E. C. auf beyden Seiten befindet sich zwischen dem Auge und Schnabel ein weißlichter Fleck. Der Kopf von oben, der Halß und Bürzel fallen ins Aschgraue. Die Kehle und die Brust sind gelblicht und schwarz gefleckt, die Flügel haben oben die Farben des Rückens. Die Schwingfedern sehen braungrau, und die erste bis fünfte sind an ihrer äussern Seite weißlicht. Der Schwanz ist braungrau.

194) **Der Krammetvogel, oder Zeumer,** lat. Turdus pilarus.

Die Drossel mit schwarzen Schwanzfedern, davon die äussersten am innern Rande gegen die Spitze zu weiß sind, aschgrauen Kopf und dergleichen Bürzel. Linn. l. c. n. 2. Kram. l. c. n. 7.

Crainisch, Brinauka. Ital. Gardena.

U. Z.

Sperlingsartige, Passeres.

U. Z. Die Seiten und die Gegend unter dem Schwanze, sind weiß, mit schwarzen Flecken; Schwanz und Füsse sehen schwarz.

aus E. C. Er hat einen aschgrauen Kopf, gelben Schnabel, mit brauner Spitze, braunröthlichte und schwarzgefleckte Brust, und weissen Bauch. Die Flecken an beyden Seiten sind kegelförmig. Der Rücken ist braunroth. Der Bürzel sieht wie der Kopf. Die Flügel sind von unten weiß, und die Schwingfedern braun. Er streicht im November Monath.

195) **Die Weißdrossel oder Zippe**, lat. Turdus Musicus.

Die Drossel mit untenher gelben Flügeln, davon die drey zur Seite stehende Schwanzfedern, eine auf beyden Seiten weisse Spitzen haben. Linn. l. c. n. 3.

Die Drossel mit untenher aschfarbenen Flügeln. Kram. El. 361. n. 8.

Crainisch, Drossig. Drosch. Ital. Tordo.

U. Z. Kopf und Halß sind von oben braungrau, und die Zähen unten her gelblicht.

aus E. C. Sie kömmt mit der Waldschnepfe an, und zieht auch mit derselben wieder weg, (b)

singt

b) In Thüringen bleibt dieser Vogel Sommer und Winter, jedoch hält er sich im Herbst schaaren weiß zusammen, streicht des Futters wegen aus einer Gegend in die andere, und

wird

singt im Frühjahr, auf denen Gipfeln derer Tannen sehr lieblich. Die Vogelbeeren, Arls oder Elzbeeren, die Beere vom Weißdorn, und die Kirschen, frißt sie sehr gern, und pflanzt solche fort, indem sie ihre Kerne mit dem Unrath wieder von sich giebt. Dieser Vogel wird im Herbste sehr fett, und wird auf Vogelheerden, und mit Vogelleim gefangen.

196) **Die Rothdrossel oder Winterdrossel,** lat. Turdus Iliacus. (c)

Die Drossel mit unten rostfarbenen Flügeln, und einer weißlichten Linie an denen Augenbraunen. Linn. l. c. n. 4.

U. Z. Sie ist kleiner als die vorige, streichet im November, und hat rostfarbene oder kupferrothe Seiten.

aus wird deswegen gleich andern Streichvogeln, in Menge auf denen Vogelheerden gefangen. Seine Eyer gehören in Ansehung der Farbe, unter die schönsten hiesiger Gegenden. Sie sehen recht hoch blau grün, wie die sächßl. Farbe, die sans pareille genennet wird, und sind mit kohlschwarzen, grossen und kleinen Flecken besetzt. G.

c) Diese Drossel brütet nicht in Sachsen. Sie kömmt zu Ende Octobris bey uns in Schaaren an, vertheilet sich sodenn, und bleibt wie der Zeumer, den Winter über hier. Zu Anfang des Merzen aber, reiset sie wie der Zeumer wieder ab, um ihre Bruth in einer andern Gegend Europens zuverrichten. G aus E. C. Man würde diesen Vogel am besten, mit dem Nahmen der Winterdroßel belegen können, indem die Vogelbeschreiber in Bestimmung des Turdi Iliaci, noch nicht einstimmig sind. Herr Klein läugnet die weiße Linie über denen Augen, welche doch allezeit da ist. Herr Kramer beschreibet die weiße Droßel (Turdus musicus) und bedienet sich doch der Benennung Iliacus.

197) Die schwarze Amsel, lat. Turdus merula.

Die schwarze Droßel, mit wachsgelben Schnabel, und Augenliedern. Linn. l. c. n. 22. Kram. l. c. n. 3.

Merula Jonston. Av. p. 105. Tab. XL. Meyer. Animal. II. Tab. LXXVIII.

Crainisch Koss. Ital. Merlo.

U. Z. Sie ist ganz schwarz oder doch schwärzlich.

aus E. C. Das Männlein ist kohlschwarz, mit gelben Schnabel und Füßen, welche im Herbste braun werden.

Das Weiblein ist graubraun, und hat auch dergleichen Schnabel und Füße. Es nistet auf denen Stauden. Das Nest ist aus Leimen gebauet, (d) und innwendig mit Heu ausgefüttert, aus-

---

d) Faules Holz ist mit ein wenig Leimen zu einer dauerhaften Masse geknetet, und in eine runde Form

aussewendig aber mit Mooß bekleidet. Es legt 4. bis 5. meergrüne Eyer mit graubraunen Flecken, (e) das Männlein verkündiget mit einem unangenehmen Gezische (f) den Frühling. Wenn es sich fürchtet, so recket es den Schwanz in die Höhe. Im Herbste kommt es aus dem Gebürge herab in die Ebene, und kann den Winter wohl vertragen.

198) **Die Ringelamsel,** lat. Turdus Torquatus.

Die schwarze Drossel, mit weissen Ringe, und gelblichten Schnabel. Linn. l. c. n. 23. Kram. l. c. n. 4. Merula torquata Ionston. Av. Tab. XXXIX.

U. Z. Sie ist schwärzlicht, und hat zwischen Halß und Brust, eine weisse Querbinde.

aus E. E. Der gelbe Schnabel hat eine braune Spitze, der Kopf ist bräunlicht und die Federn haben röthlichte Spitzen. Die Kehle sieht braun

Form gleich einer runden Backmylde sehr künstlich gearbeitet. G.

e) Die Eyer fallen sehr wenig ins Grüne, und sind nur grünlicht grau, die häuffig darauf befindlichen Striche und Punkte aber, sind blaß grauröthlicht. Wir haben öffters 6. und 7. Eyer in einem Neste gefunden. G.

f) Beym Eintritt des Frühlings, pfeiffet die Amsel sehr laut, und angenehm, fast so schön, als die Zippe. G.

braun und ist dabey mit braunroth und weißlicht, melirt. Die Brust ist schwärzlich und die Federn haben weißlichte Ränder. Die Flügel sehen bräunlicht, und die dritte Schwingfeder ist länger als die andern. Alle Schwingfedern, ausgenommen die erste, sind an ihren äussern Rande weißlich. Von unten haben die Flügel eine weißlichte Farbe, mit braunen Flecken. Der Schwanz ist braun und ohne Flecken. Gleiche Farbe haben auch die Füsse. (g)

199) **Die Steindrossel**, lat. Turdus Saxatilis.

Die Drossel mit blauen Kopf, und rostfarbenen Schwanze. Linn. l. c. n. 14. Kram. El. p: 360. n. 2.

Crainisch, Slegur. Ital. Quarasolo montano.

---

g) Eine recht alte, und ausgemaussete Bergamsel, hat bey nahe gar nichts braunes, sondern sie ist durchaus schwarz, nur die Flügelfedern, und einige wenige, an der Brust, sind weißlicht eingesäumet, so aber fast unmerklich ist. Der Brustschild ist auch viel weisser als an denen die jünger sind, bey welchen er ganz graulicht aussieht. Dieser Vogel kömmt bey uns spät im Herbst sehr einzeln an, streichet im Frühjahr wieder fort, um in andern Gegenden zu brüten, so daß man im Sommer nicht einen einzigen mehr findet. G.

VI. Ordnung,

U. Z. Kopf und Halß sind bleyfarbicht, Schwanz und Schenkel aber rostfarben.

aus E. C. Sie ist ein wenig kleiner als die Roth- oder Winterdrossel, hat einen schwarzen Schnabel, dessen obere Helfte neun Linien lang, und an der Spitze gebogen ist. Die Zunge ist bey ihrem Anfange 2. Linien breit, und sieben lang, obenher platt, und rostfarben, von unten hat sie eine Hornfarbe, mit einer braunen Spitze. Sie ist gespalten, und hat haarigte Einschnitte. Der Rücken dieses Vogels ist weißlicht. Die Brust, Bauch, Steiß und der Anfang der Flügel von unten, haben eine Rostfarbe, wie der Schwanz. Von oben ist der Anfang derer Flügel schwärzlicht. Die Schwingfedern sind graubraun, die vorderste welche eine Länge von 3. Zoll und 9. Linien hat, ist länger, als die übrigen, und die hintern haben weisse Spitzen. Die mittelsten zwey Schwanzfedern sind dunkler von Farbe, als die übrigen. Die Schienbeine haben eine Höhe von 10. Linien, und die Füsse sind unten schmutzig. Er kömmt im May bey uns an, und die gegenwärtige Beschreibung ist von seinem hochzeitlichen Kleide, das er mit bringet, genommen. Im September geht er wieder fort. Er nistet unter denen grossen Steinen und Steinhauffen, und legt fünf Eyer, besucht die Bauerhütten und Ställe in dem Gebürge, geht auf das Käutzlein, bewegt öfters den Schwanz, nähret sich

von

von Insecten und ist fähig die Musick zuerlernen. (h)

Das Geschlecht der Dickschnäbel, lat. Loxia.

Linn. Syst. Nat. p. 299.

Damit die Dickschnäbel nicht mit dem Emmerling und Finkengeschlecht verwechselt werden; So muß man wissen: daß selbige einen sehr dicken, an beyden Seiten gar nicht eingedrückten, sondern gleichsam recht winklichten Schnabel haben.

200) Der Krummschnabel, Creutzvogel, lat. Loxia Curvirostra.

Der Dickschnabel, mit einem gabelförmigen Schnabel. Linn. l. c. n 1. Kram. El. p. 365. n. 2. Curvirostra Meyer. Animal. I. Tab. IV.

U. Z. Der obere Schnabel ist an der Spitze unterwärts, und der untere, aufwärts gebogen.

aus E. C. Es ist ein einfältiger Vogel, der die Kälte wohl ausdauern kann. Er ist bald roth, bald gelbe, pflanzt die Fichten durch herumstreu=

---

h) Diesen Vogel kennet man in Obersachsen und Thüringen nicht, er kömmt niemahls soweit nordlich herab, sondern bewohnet bloß dem südlichen Theil Europens. Er ist der passer Solitarius, Bellonii, Gesneri und anderer alter Ornithologen. G.

umstreuung ihres Saamens fort, kann durch Hülfe seines Schnabels auf und nieder steigen, ist denen Schlagflüssen sehr unterworfen, und wird von abergläubischen Leuten, in Häusern in der Absicht gehalten, daß er auf eine verborgene Art, die Krankheiten an sich ziehen soll. Diejenigen, deren Oberschnabel links gebogen ist, werden zu diesem Endzweck für die besten gehalten.

201) **Der Kernbeisser**, lat. Loxia Coccothraustes.

Der Dickschnabel, mit einem einfachen weissen Streif durch die Flügel, und Schwanzfedern, die unten an der dünnen Seite weiß sind. Linn. l. c. n. 2.

Crainisch, Dleschk. Ital. Frisone.

U. Z. Er hat unter allen, den dicksten Schnabel. Die vordersten Schwingfedern sind schwarz.

aus E. C. Es giebt hiervon folgende Nebenarten.

1) Mit einem schwarzen Kopfe, aschgrauen Rücken, röthlichten Halß, Brust und Bauch, und einem schwarz bläulichten, unten braunen Schwanz. Der Strich durch die Flügel ist weißlicht aschgrau.

2) Mit einem grau röthlichten Kopfe. Bauch und Brust sehen aus wie bey Num. 1.

3) Mit einem schwarzen Kopf, graulicht fleischfarbenen Halß, Brust und Bauch, aschgrauen Rücken

Rücken, und einer weißlichten Binde durch die Flügel. Schwanz und Flügel sehen wie bey Num. 1. und 2.

4) Mit einem ganz schwarzen Körper und rothfleckigter Brust und Bauch. Der Oberschnabel ist etwas länger als der untere und die Flügel haben keine weisse Binde.

5) Ist am ganzen Körper weiß, ausgenommen die Schwingfedern.

Die erste bis vierte Nebenart sind in dem T. C. Die fünfte aber im

E. C. befindlich und ist letzterer ein Geschenk des Herrn Baron von Brigido.

202) **Der Gympel**, lat. Loxia pyrrhula.

Der Dickschnabel mit schwarzen Gliedern und weissen Schwanz wie auch hintersten Flügelfedern. Linn. l. c. n. 4.

Pyrrhula Meyer. Animal. II. Tab. VIII.

Crainisch, Gimpl.   Ital. Gimpel.

U. Z. Er hat schwarze Glieder.

aus E. C. Er kann den Winter wohl vertragen, und hat in denen Wäldern, eine zischende Stimme. Das Männlein ist roth. (i) Dieser

i) Da, wo das Männlein roth ist, siehet das Weiblein aschgrau. Wir besitzen ein kohlschwarzes Männlein in unsern Cabinet. G.

ser sonst einfältige Vogel kann dennoch zum musicalischen pfeiffen abgerichtet werden, welches denen Menschen zum Beyspiel dienen soll, daß man an der Fähigkeit langsamer Köpfe, nicht gleich verzagen müsse.

203) **Der rothe Dickschnabel,** Loxia rubra.

Der rothe Dickschnabel, mit schwarzen Angesicht. Linn. l. c. n. 5.

U. Z. Er ist durchaus roth, auch sogar der Schnabel, doch fallen die Dickbeine mehr braun aus.

aus dem T. C. Man muß allen Sachen schickliche Nahmen geben, und nicht eine unschuldige Wissenschaft zum schändlichen Werkzeuge machen, dadurch eine Religion der Spötterey ausgesetzet wird. (k)

204)

k) Man kann diese Stelle unsers Schriftstellers nicht verstehen, wenn man nicht vorhero weiß, daß dieser amerikanische Vogel, seiner schönen rothen Farbe halber, in Holl- und Engelland, das Cardinälgen genennet werde. Welches wir unserer Leser halber hier anmerken müssen, ob wir schon übrigens selbst der Meynung sind: daß Sachen die einiger Religion anstößig sind, in allen Wissenschaften vermieden werden sollten. G.

Sperlingsartige, Passeres. 169

204) **Der Amerikaner,** lat. Loxia Torrida.

U. B. Er ist schwarz, Brust und Bauch sehen castanien braun, die zwey mittelsten Schwanzfedern sind länger.

aus dem K. T. Dahin ihn der berühmte Herr Jaquin geliefert hat; Ich habe diesen, und andere rare Vögel daselbst, in seinem Beyseyn beschrieben.

205) **Der gelbgrüne Dickschnabel,** lat. Loxia Serinus.

Der Fink, Serinus Linn. l. c. p. 320. n. 17. Der Fink mit gelben Scheitel, Vorderhalß, Brust und Steiß, grünlichten Rücken, und schwärzlichten Schwing- und Schwanzfedern, die eine weisse Einfassung haben. Kram. El. p. 368. n. 7.

Serinus Gesner. Ionst. Av. p. 102.

Crainisch, Grilitsch. Ital. Sverzelino.

U. B. Ist so groß als das Zeißlein und durchaus gelb und braunbunt.

aus E. C. Die Nasenlöcher sind eyförmig und mit Federn bedeckt. Die zweyte und dritte Schwingfeder haben einerley Länge. Der Schwanz ist gabelförmig. Im Frühjahr machet er hauffenweiß, ein girrendes Geschrey in denen Obstgärten. Kohlsaamen und Hanf frißt er sehr gerne. Wenn dieser Vogel von einer Brehme angetastet wird, so steigt er girrend

rend gerade über sich in die Luft, und läßt sich kurz darauf, mit ausgespannten Flügeln wiederum auf den Baum nieder, davon er in die Höhe geflogen.

206) Der Grünling, Grünfink, lat. Loxia Chloris.

Der gelb grüne Dickschnabel, dessen vorderste Schwingfedern vorne, die vier Seitenfedern des Schwanzes aber, unten, gelb sind. Linn. l. c. n. 27.

Chloris Meyer. Animal. II. Tab. XXVIII.

Crainisch, Grindling. Ital. Taranto.

U. Z. Er ist von oben graulicht, und von unten gelb. Der Bauch ist zwischen denen Schenkeln weiß. Schwing= und Schwanzfedern sind graubraun.

aus E. C. Die Nasenlöcher sind mit Borsten bedeckt. Seine Zunge ist wie bey dem vorhergehenden. Die Schultern haben eine gelbe Farbe. Die Schwingfedern sehen am äussern Rande, und die vier äussersten Schwanzfedern, unten, gelb.

207) Der blaue Dickschnabel, lat. Loxia Cyanea.

Der himmelblaue Dickschnabel, mit schwarzen Schwing= und Schwanzfedern. Linn. l. c. n. 22.

U. Z.

Sperlingsartige, Passeres.

U. Z. Er ist kleiner als n. 205. und himmelblau, mit schwarzen Flügeln und Schwanze.

Diesen Vogel hat mir der berühmte Herr J. T. Gronovius überschicket. (1)

Das Emmerlings=Geschlecht, lat. Emberiza.

Linn. Syst. Nat. p. 176.

Dieses Geschlecht hat einen dicken Schnabel, der auf beyden Seiten mäßig eingedrückt ist und vorne spitzig zu läuft.

208) Der schwarzköpfigte Emmerling, lat. Emberiza Melano-cephala.

Der Emmerling mit schwarzen Kopfe. Klein. Prodrom. p. 92. n. X.

U. Z. Er ist gelb, der Kopf schwarz und der Rücken braunroth.

aus E.C. Er hat die Statur des nachfolgenden gelben Emerlings. Das Schwarze am Kopfe erstreckt sich bis mitten an den Hals. Die Kehle, Brust, Bauch, Dickbeine und der Steiß sind gelb. Die Seiten der Brust sehen röthlich, die Schwingfedern braun, mit weißlichten Rändern, und der Schwanz bleichbraun ohne Flecken.

209)

1). Er ist aus dem südlichen America, und im Catesby Carolina zu finden, aus welchen ihn Seligmann entlehnet, und sauber illuminirt vorstellet. G.

VI. Ordnung,

209) Der Goldammer oder gemeiner gelber Emmerling, lat. Emberiza Citrinella.

Der Emmerling mit schwärzlichten Schwanzfedern, davon die zwey äussersten an der innern Seite, einen weissen zugespitzten Fleck haben. Linn. l. c. n. 5. Der Emmerling mit gelber Kehle und Brust. Kram. El. p. 370. n. 1.

Emberiza flava. Meyer. Anim. I. Tab. XCIV.

Crainisch, Sternardt. Ital. Smeardola.

U. Z. Von oben ist selbiger braunroth, und schwärzlich gefleckt, und von unten gelblicht. Die Brust hat eine braunroth und gelb bunte Farbe.

aus E. C. Bey dem Männlein ist die Kehle gelb, und der Kopf hat zur Paarungszeit, eine gleiche Farbe, nebst dem Bauche. Der Bürzel ist braunroth und die Federn haben weißlichte Spitzen. Die Schwingfedern sehen schwärzlich, und die äussere Seite derselben, ist gelb eingefaßt. Die Schwanzfedern sind gleichfalls schwärzlich, doch haben die zwey äussersten, an ihrer innern Seite, einen spitzigen weissen Fleck. Im Herbste vergeht die schöne gelbe Farbe größtentheils, und der Vogel siehet alsdenn mehr braunroth. Er hat ein sehr zartes Fleisch, kann die Kälte wohl ausstehen und singt niedlich. (m)

210) **Der Emmerling mit schwarzen Barth,** lat Emberiza Barbata.

Der Emmerling mit schwärzlichten Schwanzfedern, davon die zwey äussern, an der innern Seite, einen weissen spitzigen Fleck haben, schwarzer Kehle, und einem schwarzen Streif, der vom Schnabel, nach denen Ohren gehet. Kram. l. c. n. 2.

U. Z. Er hat einen aschgrauen und schwarzgefleckten Kopf. Vom Schnabel, gehet ein schwarzer aufwärs gebogener Streif, der bis an das Ohr, und äussern Augenwinkel reichet.

aus E. C. Er ist von der Grösse des Goldammers, hat eine weißlichte Kehle, aschgraue Brust, braunrothen Bauch, blaß röthlichten Steiß, röthlichten Rücken mit schwarzen Flecken und schwarze Schwingfedern, die an der innern Seite, weiß eingefaßt sind. Die Schwanzfedern sind schwarz, und die zwey äussern über die Helfte weiß, mit schwarzen Spulen. Die zwey mittelsten haben eine braune Farbe, sind zugespitzt und am Rande röthlicht.

Dieser

m) Das Weiblein hat gar nichts Gelbes, sondern sieht mehr grau, an denen Orten, wo das Männlein gelb siehet. Es brüthet in Büschen auf der Erde, bauet sein Nest von dürren Graß, und legt 5. bis 6. Eyer, welche röthlicht grau sehen, und mit schwarzrothen, ausgezackten, fadenförmigen Flecken, einzeln belegt sind, welche aussehen, als ob geronnenes Geblüte darauf gestrichen wäre. G.

Dieser Vogel kann den Winter gut vertragen. Seine Stimme ist Zip, Zip. Das Weiblein hat keinen Barth und scheinet des Linnei Emberiza Cia zu seyn.

211) Der Stieglitz oder Distelfink, lat. Emberiza Carduelis.

Der Fink mit vorne gelben Schwingfedern, davon jedoch die äusserste ohne Fleck ist, und Schwanzfedern mit weissen Spitzen, davon die zwey äussersten, in der Mitte weiß sind. Linn. l. c. p. 318. n. 7. Kram. l. c. p. 365. n. 1.

Carduelis Ionston. Av. Tab. XXXVI. Meyer. Animal. 1. Tab. XCII.

Crainisch, Stigltiz. Ital. Gardelino.

U. Z. Die Stirn ist scharlachroth. Der Bauch, ingleichen die Schwing= und Schwanzfedern sind schwarz. Die vordersten Schwingfedern (ausgenommen die letzte) sind an der innern Seite bis unter die Helfte gelb.

aus E. C. Um die Wurzel des Schnabels steht ein scharlach rother Creyß. Der Schnabel selbst ist weißlich und an der Spitze braun. Die Seiten der Bruſt fallen ins Braunröth= lichte. Die Kehle, die Gegend der Ohren, und die Dickbeine sind weiß. Die Schwing= federn, ausgenommen die drey ersten, haben weisse Spitzen. Der Rücken ist braunröth= licht.

Sperlingsartige, Passeres. 175

Er hat einen sehr angenehmen Gesang, wird im Vogelbauer mit Hanf erhalten. Mit dem Canarienvogel, bringet er Bastarte hervor. Den Saamen von Saflor, Disteln und der Eberwurzel, frißt er sehr gerne, und streicht nach denen ersten Wintertagen.

212) **Das Zeißlein**, lat. Emberiza Spinus.

Der Fink mit in der Mitte gelben Schwingfedern, davon jedoch die vier ersten keinen Fleck haben, und oben gelben Schwanzfedern mit schwarzen Spitzen. Linn. l. c. n. 25. Kram. ibid. n. 2.

Spinus Ionston. Av. p. 98. Tab. XXXVI.
Meyer. Animal. II. Tab. LXXVI.
    Crainisch, Saisl. Ital. Lugerino. Lugero.

U. Z. Ist von unten gelb und von oben schwärzlicht.

aus E. E. Hat die Größe von Num. 205. das Männlein hat eine schwarze Kehle. Der Bauch ist weißlicht, die Flügel schwärzlicht mit einer gelben Querbinde. Dieser Vogel pflanzet die Erlen und Birken durch herumstreuung des Saamens fort, und streichet schaarenweiß im October.

213) **Der Winteremmerling**, lat. Emberiza Brumalis.

U. Z. Von unten hat der Körper, nebst der Stirn, und der Gegend um die Augen, eine

gelbe

gelbe Farbe. Das Hintertheil des Kopfs
und der Halß sind aschgrau.

aus E. C. Er ist so groß als das Zeißlein, hat
einen gelben Steiß, braungelben Rücken, weiß=
lichte Dickbeine, und braune Schwingfedern,
die am äussern Rande gelb sind. Die Ein=
wohner der Grafschaft Tyrol wo ich diesen
Vogel oft gesehen habe, nennen ihn daselbst
Citronello, nähren denselben im Bauer mit
Hanfsaamen, und fangen ihn im November
auf Leimruthen.

214) **Der Schneeemmerling,** lat. Emberiza Nivalis.

Der Emmerling mit weissen Schwingfedern,
davon die vordersten an der äussern Seite schwarz
sind, und schwarzen Schwanz, daran die drey
Seitenfedern weiß sind. Linn. l. c. n. 1.

U. Z. Er ist gelb, weiß, und aschgrau. Der
Nacken hat schwarze Düpflein.

aus dem T. C. Der Schnabel ist blaßgelb, der
Rücken grau und schwarzbunt; Die innersten
Schwingfedern sehen ganz weiß, und die übri=
gen braun. Die ersten vier Schwanzfedern
sind auf beyden Seiten weiß, und nur an der
Spitze, oder nicht weit davon, an der äussern
Seite schwarz. Die Füsse haben gleichfalls
eine schwarze Farbe.

Sperlingsartige, Passeres. 177

215) **Der Trauervogel,** lat. Emberiza Luctuosa.

U. Z. Er ist schwarz, und hat einen rauhen Barth. An der Stirn, Brust, Bauch, Steiß, und unter dem Schwanze siehet er weiß.

aus dem K. T. Dieser Vogel ist sogroß als die grosse Meise, und hat einen schwarzen Schnabel. Von der Stirn lauft eine weisse Linie auf beyden Seiten bis an den Nacken. Auf jedem Flügel steht in der Mitte, ein weisser Fleck.

216) **Der langschwänzigte Emmerling,** lat. Emberiza paradisæa.

Der braune Emmerling, mit rother Brust, zwey zugespitzten Schwanzfedern, die länger sind als die übrigen, und zwey mittelsten Schwanzfedern, die ausserordentlich lang sind. Linn. l. c. n. 19.

U. Z. Er ist schwarz. Unter dem Nacken befindet sich eine breite, braunröthlichte Binde. Der Bauch ist weißlich, und die zwey mittelsten Schwanzfedern sind ausserordentlich lang.

aus dem T. C. Ob dieser Vogel von der Emberiza Psittacea unterschieden? mögen diejenigen beurtheilen die Gelegenheit haben selbigen selbst zu sehen. (n)

M   Das

n) Man vermisset bey gegenwärtigen Emmerlingsgeschlechte, den Hortulan, welcher doch in einem Lande,

VI. Ordnung,

Das Finkengeschlecht, lat. Fringilla.

Linn. Syst. Nat. p. 317.

Dieses Geschlecht hat einen dicken Schnabel, der aber an denen Seiten gar nicht eingedrücket ist, und nach und nach spitzig zuläuft.

217) Der gemeine Fink, lat. Fringilla Coelebs.

Der Fink mit schwarzen Gliedern, auf beyden Seiten weissen Schwingfedern, davon die drey ersten ohne Flecken sind, und zwey Schwanzfedern mit schiefen weissen Fleck. Linn. l. c. n. 3. Kram. El. p. 367. n. 4.

Fringilla Ionston. Av. p. 99. Tab. XXXIII.

Meyer. Animal. II. Tab. XXX.

Crainisch, Schinkowitz. Ital. Finco.

U. Z. Die Schwanzfedern sind schwärzlicht, und die beyden äussersten, an der innern Seite, bis zur Helfte weiß. Die Deckfedern haben weisse Spitzen die ins Gelblichte fallen.

aus E. C. Wenn das Männlein in seinem hochzeitlichen Kleide erscheinet; so ist es eifersüchtig, und fängt an zu schlagen, wenn der Hörlitzen Baum (cornus mas) blühet, nistet auf denen Bäumen, und erlebet viele Kindeskinder. Im Anfange der Hundstage hört er auf

Lande, das an Italien gränzet, häuffig zu gegen seyn muß.

auf zu schlagen. Im October ziehet er schaaren weiß weg, obgleich einige einzelne Paar auch im Winter hier bleiben. Es geschieht diesem Vogel, der durch die Lockstimme seiner geblendeten Brüder verführet wird, auf denen Heerden und mit dem Leime vieler Abbruch.

218) **Der Bergfink, Buchfink, Quäker,** lat. Fringilla montifringilla.

Der Fink, dessen Anfang der Flügel, untenher sehr gelb ist. Linn. l. c. n. 4. Kram. El. l. c. n. 3.

Fringilla montana Ionston. Av. Tab. XXXVI.

Crainisch, Pinosch. Ital. Finco montano.

U. Z. Der Anfang der Flügel ist von unten, wie ein gelber Sammet.

aus E. C. Das Männlein hat einen schwarzen Kopf, Rücken, Halß, Flügel und Schwanz, gelblichten Schnabel, braunrothe Kehle, und Brust, weissen Bauch und Bürzel, und die Flügel sind oben bey ihrem Anfang braunroth.

Bey dem Weiblein ist der Kopf, und die Seiten des Halßes aschgraulicht, und in die Länge mit Flecken gestreift, die im Nacken entspringen. Es hat eine weißlicht aschgraue, mit einiger Röthe durchflossene Kehle, und eine röthlicht fleischfarbene Brust. Die Schwing- und Schwanzfedern sind braun.

M 2   Er

VI. Ordnung,

Er streichet schaaren weiß um das Ende des Octobris, (ω) hat ein bitterliches Fleisch, und läßt sich leichtlich fangen.

219) **Der Hänfling, Flachsfink,** lat. Fringilla Cannabina.

Der Fink, dessen vorderste Schwingfedern, nebst den Schwanzfedern, schwarz sind, und zu beyden Seiten einen weißen Rand haben. Linn. l. c. n. 28. Kram. l. c. n. 8.

Linaria

6) Der Bergfink gehöret unter diejenigen Strichvögel, welche in Thüringen und Obersachsen spät im Herbste aus andern Ländern ankommen, den Winter über hier bleiben, im Frühjahr aber wieder in ihre Heymath zurück kehren, um ihre Bruth daselbst zuverrichten, welches sie in unserer Gegend niemahls zuthun pflegen. Da sowohl dieser Vogel, als auch der Zeumer, die Rothdrossel, der Seitenschwanz, die Ringelamsel ꝛc. nicht aus Mangel des Futters von uns wegzuziehen Ursache haben, als welches sie im Frühjahr und Sommer, reichlicher finden würden, als sie es dem Winter über gefunden haben; So kann man wahrscheinlich schlüssen: daß ihnen ein mehr kaltes als heißes Clima zuträglich sey, und daß sie, um unserer Sommerhitze auszuweichen, sich wieder von uns, in diejenigen nordlichen Gegenden begeben, aus welchen sie im Winter, durch die allzuheftige Kälte, allzuweiter Entfernung der Sonne, und entsetzlich tiefen Schnee vertrieben worden, und welche sie alsdenn eben nicht kälter wieder finden, als bey uns der Winter zur Zeit ihres Aufenthaltes war. G.

Linaria Ionſton. l. c.

Ital. Faganello.

U. Z. Die Schwing= und Schwanzfedern ſind ſchwärzlich und weiß eingeſäumet.

aus E. E. das Männlein hat im Frühjahre einen rothen Huth, und eine rothe Bruſt. Es ſtreichen groſſe Hauffen mit einander und werden mit Netzen gefangen.

220) **Der Haußſperling**, lat. Fringilla Domeſtica.

Der Fink mit braungrauen Schwing= und Schwanzfedern, grau und ſchwarzbunten Körper, und einer einzelnen weiſſen Binde, durch die Flügel. Linn. l. c. n. 36.

Der Fink, mit braungrauen Schwing= und Schwanzfedern, ſchwarzer Kehle, roſtfarbenen Schläfen und kothfarbenen Steiß. Kram. l. c. n. 10.

Crainiſch, Grabetz. Ital. Paſſere.

U. Z. Die Schwing= und Schwanzfedern ſind braungrau, und am äuſſern Rande roſtfarben. Durch die Flügel geht eine weiſſe Binde.

aus E. E. Dieſer Vogel beſucht ſchaaren weiß die Felder. Er frißt Körner und iſt dem Geträydig ſehr ſchädlich, iſt der fallenden Sucht unterworfen und bleibt Winter und Sommer hier.

VI. Ordnung,

Das Männlein hat eine schwarze Kehle. Die Augen stehen innerhalb eines schwarzen Flecks, und bey dem äussern Augenwinkel ist ein weisser Platz befindlich. Um die Zeit, wenn die Primula acaulis blüht, so singt es in einem rauhen Ton, sein Hochzeitlied. Es ist äusserst geil, und betritt ohne auszuruhen sein Weibgen zu dreyßig und mehr mahlen. Es streiten öfters mehrere Hähne um ein Weiblein, mit einer besonders rauschenden Stimme.

Das Weiblein hat weder schwarze Kehle, noch Fleck am Augen, noch weisse Flügelbinde. Es bauet sein Nest unter die Dächer, oder raubt mit Gewalt die Nester anderer Vögel (p) und legt 5. Eyer. Seine Jungen füttert es auch ausser dem Neste, wie die Stachelschwalbe.

Ich besitze einen ganz weissen Sperling der mir von Laubach zugeschicket worden. (q)

221)

p) Dieses ist von denen Schwalbennestern auswendig an denen Häussern, zuverstehen, aus welchen der Sperling die Schwalben ausbeißt, alsdenn nur Federn hinein trägt und seine Bruth darinnen verrichtet. Sonst legt er in keine andere Vogelnester. G.

q) Wir besitzen ein sehr rares Sperlingsmännlein, so durchaus schwarzblau oder dunkel bleyfarbig ist. Nur die Kehle, ist nebst denen Augenflecken schwarz, der Scheitel fällt nur fast unmerklich, ins Braunrothe, und beym äussern Augenwinkel ist ein ganz kleines weisses Fleckgen, einer Linsen groß. Dieser seltene Vogel, wurde unter einem andern

Sperlingsartige, Passeres.

221) Der Feldsperling, lat. Fringilia Montana.

Der Fink, mit braungrauen Schwing= und Schwanzfedern, grau und schwarz bunten Körper, und einer doppelten weissen Binde durch die Flügel. Linn. l. c. n. 37.

Der Fink mit braungrauen Schwing= und Schwanzfedern, braunrothen Scheitel und grünlichten Bürzel. Kram. l. c. n. 11.

andern Hauffen Sperlingen, im Herbste des 1768. Jahres zu Hummelshayn, einem herzogl. Sächßl. Gothaischen Jagdschlosse geschossen.

Noch einen andern raren Sperling haben wir in unserer Sammlung. Er sieht vollkommen aus, wie ein Weiblein des gelben Emmerlings, und an der Kehle ist ein schwefelgelber Platz eines Creutzers groß. Der Schnabel ist sonderbar gebildet, er hat die Grösse eines gewöhnlichen Sperlingsschnabels, ist aber zu beyden Seiten eingedruckt wie beym Emmerling, und der Oberschnabel hat nicht weit von der Spitze, zwey Zähne, oder einen starken Absatz wie beym Neuntödter. Jede Schwanzfeder hat an der Spitze ein rundes weisses Fleck. Da dieser Vogel im Frühjahr 1767. aus einem Neste des Haußsperlings, nicht weit von Cahla, ausgenommen worden und noch 4. gemeine junge Sperlinge zu Geschwistern hatte. So kann man ihn vor keine besondere Nebenart halten. Es ist vielmehr zuvermuthen; daß er sein Daseyn, einer ehebrecherischen Vermischung seiner Mutter, mit einem Emmerling, zu danken habe. G.

Ital. Zilega.

U. Z. Er hat einen zweyfachen weissen Strich durch die Flügel und einen ins Grüne fallenden Steiß.

aus E. C. Er ist ein wenig kleiner als der Haußspaz, besucht ebenfalls die Felder schaarenweiß, und nistet in holen Bäumen und auf Thürmen.

222) **Amerikanischer Fink**, lat. Fringilla Mariposa.

U. Z. Kopf und Halß sind amethystfärbig, der Körper von unten roth, und der Rücken grün.

aus dem K. T. Er ist von der Statur des gemeinen Finken. Um die Augen hat er einen goldgelben Creyß. Die Schwingfedern sehen graubraun.

Herr Iaquin versichert; daß ihn die Einwohner von Amerika Mariposa heissen, welches Wort einen Schmetterling bedeutet.

Das Bachstelzengeschlecht, lat. Motacilla.

Dieses Geschlecht hat einen dünnen Schnabel und eine gespaltene Zunge. Bey der Spitze des Oberschnabels, ist ein Zähnlein. Die dahin gehörige Vogel, bewegen den Schwanz auf und nieder wenn sie sitzen. Sehr selten setzen sie sich auf die Bäume, sie können hurtig lauffen und auch sachte gehen. Das Nest machen sie

auf

Sperlingsartige, Passeres.

auf die Erde, und im Flügen lassen sie einige Stimme hören.

223) Die Wasseramsel, lat. Motacilla Cinclus.

Der schwarze Staar, mit weisser Brust. Linn. l. c. p. 290. n. 5.

Die Bachstelze mit weisser Brust, pechfarbenen Kopf und Halß, und schwärzlichten Körper. Kram. El. p. 374. n. 3.

Crainisch, Povodni Kofs.   Ital. Merlo d' acqua.

U. Z. Die Kehle und Brust sind weiß und der Bauch braunroth.

aus E. E. Kopf und Halß sind grau castanien braun, der Rücken eisenfarben und schwarz melirt, die Seiten braungrau, die Schwingfedern braun mit weißlichten Spitzen, und die Schwanzfedern ganz braun.

Dieser Vogel ist einsam, hat eine dichte Decke von Federn, die der Kälte gut wiederstehet, und singet auf dem Eiße. Er läuft hurtig an den Ufern herum, flieget sehr geschwind und in gerader Linie, beweget den Schwanz, und lebet von Würmern und Puppen der Wasserinsekten. Er kann untertauchen, und hat starke Klauen, aber ein hartes Fleisch.

Daß derselbe zum Bachstelzengeschlecht gehöre? Zeigen seine Zunge, sein Schreyen im Fluge, und die Einschnitte derer Schienbeine.

Wenn

Wenn er noch jung ist, so sieht auch sein Bauch weiß. (r)

224) Die graue Bachstelze, lat. Motacilla Alba.

Die Bachstelze mit schwarzer Brust, deren zwey äusserste Schwanzfedern, eine schiefe weisse Helfte haben. Linn. l. c. n. 2. Kram. l. c. n. 1. Motacilla Meyer. Animal. II. Tab. LXXVII.

Crainisch, Pliska Pastariza. Ital. Squassa coda.

U. Z. Eine schwarze Brust.

aus E. C. Sie fängt Insekten an denen Wassern, ingleichen auf denen Dächern, Feldern, und Wiesen. Wenn sie einen Wannenwäher (Falco Tinnunculus) gewahr wird, so verfolgt und verräth sie selbigen, mit ihrem Geschrey

r) Herr Klein bezweifelt Part. III. §. XXIV. prodr. Hist. Av. die wahre Existenz dieses Vogels. Man kann fast nicht glauben daß er nicht auch in Preussen wohne, und deshalb diesem Schriftsteller unbekannt geblieben seyn sollte, da er sich doch in dem mehr nördlichen Schweden findet. In Thüringen ist er ziemlich bekannt und denen Forellenbächen sehr gefährlich, weil er sich von der Bruth nähret. Am Saalstrohme, versammeln sich in harten Wintern, wohl 4. bis 6. bey denen, durch die Fischer in das Eiß gehauenen Löchern, fahren sodenn öfters mit vieler Geschwindigkeit unter das Eiß ins Wasser, und bringen kleine Fischlein hervor, die sie auf dem Eiße verzehren. Die Eyer sind schneeweiß.

ſchrey (s) Im September und October verbirgt ſie ſich, und im Frühjahr erſcheinet ſie wieder. Sie ſchläft gern auf denen Weidenbäumen.

225) **Die gelbe Bachſtelze,** lat. Motacilla Flava.

Die Bachſtelze mit gelber Bruſt und Bauche, deren zwey zur Seite ſtehende Schwanzfedern eine ſchiefe weiſſe Helfte haben. Linn. l. c. n. 12. Kram. l. c. n. 2.

Motacilla flava Meyer. Animal. II. Tab. LXXVIII.
 Ital. Squaſſacoda d' acqua.

U. Z. Männlein und Weiblein, haben in einem jeden Alter einen gelben Steiß.

aus E. C. Dieſe Art hält ſich nur einzeln an denen Bächen auf, und bleibt im Winter hier. Die erſte Schwanzfeder iſt weiß, eben dieſe Farbe haben die Augenlieder, und der Rücken iſt aſchgrau.

226) **Die Kuhſtelze,** lat. Motacilla Boarula.

Motacilla flava alia Aldrovand. Ornith. L. 17. C. 25.

Sylvia

s) Dieſes thut auch die Bachſtelze bey allen andern Raubvögeln, als dem Sperber, dem Mauſegeyer, dem Habicht, der Eule, auch ſogar, wann ſie eine Katze anſichtig wird.

Sylvia flava VII. Klein. Prodr. Hist. Av. p. 78.
Sylvia flava cauda irrequieta, Boarula Aristotelis. Klein. Stemmat. Av. p. 14.
Motacilla minor flava Klein. Hist. Av. p. 140. n. VII.
Ital. Boarina.

U. Z. Sie ist kleiner als vorige, hält sich hauffen weiß zusammen, und liebet das Wasser nicht.

aus E. C. Sie streichet im October, hält sich gerne bey denen Heerden des Hornviehes, auf denen Triften auf, allwo sie sehr hurtig herum läuft, und die Insecten vom Munde und Füssen der Kühe wegfängt. Sie hat eine helle Stimme, und ist von voriger sehr unterschieden.

Das Geschlecht derer Fliegenvögel und Brustwenzel, lat. Sylvia.

Dieses Geschlecht hat dünne Schnäbel, nähret sich von Insecten, singet lieblich und schmätzet, ist unruhig, hält sich gern auf Bäumen auf, geht auf den Kautz, streichet im Herbste von hier weg, läuft nicht sondern hüpfet nur, und giebt im Fluge keinen Laut von sich. (t)

227)

t) Der im Fliegen singende Dornreich oder Heckenschmätzer. Zornii Petinotheol. part. II. Cap. II. § XXVII. Num. 2. pag. 377. Den wir in Thüringen den kleinen Fliegenschnäpper nennen, machet hier eine Ausnahme. Dieser fliegt oft von seiner Stelle gerad in die Höhe, und singet
so

Sperlingsartige, Passeres.

227) **Die Nachtigall,** lat. Sylvia Luscinia.

Die röthlichtgraue Bachstelze, mit grauen Ringeln an denen Knien. Linn. l. c. n. 1. Kram. El. p. 375. n. 9.
Luscinia Jonston. Av. p. 127. Tab. XLV.
Crainisch, Slauz. Ital. Rossignollo.

U. Z. Ist von oben blaßröthlicht, und untenher weißlicht, mit einem braunrothen Schwanz.

aus E. C. Sie sitzt im Schatten, wenn die Sonne heiß scheinet, und läßt beym Mondenscheine ganz unermüdet, ihre unvergleichliche, und durch vielerley Abwechselungen, sehr liebliche Stimme hören. Die wunderbare Weise, mit welcher die Natter die Nachtigall in ihren Rachen zu ziehen weiß, ist keinesweges erdichtet. Ihr Fang geschiehet, indem man sie durch die Music und mit Mehlwürmern anlocket.

228) **Die graue Grasemücke, der Spott-**
vogel, lat Sylvia curruca.

Die oben braungraue, und unten weißlichte Bachstelze, mit braungrauen Schwanzfedern, davon die äusserste eines schmalen weissen Rand hat. Linn. l. c. n. 6.
Ital. Bianchetto.

U. Z.

so lange sehr lieblich in der Luft, bis er sich wieder nieder läßt.

U. Z. Ist von oben bräunlichtgrau, und von unten, weißlicht. Die äusserste Schwanzfeder siehet an der auswendigen Seite weiß.

aus E. C. Dieses Vögelein ist sehr unruhig, schmatzet beständig, und äffet anderen Vögeln nach. Im Sommer hält er sich gerne in denen Erbsen auf.

220) Der Mönch mit der schwarzen Platte, lat. Sylvia Atricapilla.

Die kothfarbne, und von unten aschgraue Bachstelze mit schwarzen Huth. Linn. l. c. n. 18. Kram. l. c. n. 15.

Atricapilla Ionst. Av. p. 129. Tab. XLV.

Ital. Capo nero.

U. Z. Sie ist von unten weißlichter. Der Kopf ist mit einem schwarzen Huth bedeckt.

aus dem T. C.

230) Der Steinschmatzer, lat. Sylvia Oenanthe.

Die Bachstelze, mit weißgrauen Rücken, weisser Stirn, und einem schwarzen Augenstrich. Linn. l. c. n. 15.

Die Bachstelze, mit grauen Rücken, weisser Stirn und Bürzel, und einer weissen Linie über denen Augen. Kram. l. c. n. 4.

Crainisch, Bella. Ital. Cullo bianco.

Sperlingsartige, Passeres.

U. Z. Der Schwanz ist weiß mit einer schwarzen Spitze.

aus E. C. Um Tybein, ist sie von oben weiß. Die Kehle, Flügel und die ganzen mittelsten Schwanzfedern, sind schwarz, die übrigen Federn im Schwanze aber, haben 2. schwarze Flecken. Sie nistet unter grossen Steinen, (v) kömmt im April an, und ziehet im September wieder weg.

231) **Das Rothkehlgen,** lat. Sylvia Rubecula.

Die graue Bachstelze, mit gelbrother Kehle und Brust. Linn. l. c. n. 45. Kram. l. c. n. 13.

Crainisch, Smarnza. Taschitza. Taschtza.

Ital. Petto rosso Pitardello. Petuzzo.

U. Z. Kehle und Brust sind gelbroth.

aus E. C. Wenn Tag und Nacht gleich sind, so kömmt dieser Vogel an, und ziehet auch um diese Zeit wiederum weg, jedoch bleiben auch einige einzelne, des Winters über hier. Wenn er in denen Häussern gehalten wird; so rottet er die Fliegen aus.

232)

v) In denen nahe auf der Erde, befindlichen Löchern derer Felsenwände, nistet sie vorzüglich gerne. Ihr Nest besteht aus dürren Graßhalmen, welche sie inwendig, mit vielen Vogelfedern ausfüttert. Sie legt 6. länglichte, blaulicht grüne Eyer, die nicht völlig so groß sind, als eine Haselnuß, die Farbe ist bleich. S.

VI. Ordnung,

232) Das Wald-Rothschwänzlein, lat. Sylvia Phoenicurus.

Die Bachstelze mit schwarzer Kehle, fuchsrothen Bauch und weißgrauen Kopf und Rücken. Linn. l. c. n. 34. Kram. l. c. n. 11.

Ital. Scorsolato Quarossolo.

U. Z. Eine schwarze Kehle. Die Brust, der oberste Theil des Bauches, und der Schwanz sind fuchsroth.

aus E. C. An dem Männlein, ist im Frühjahre die Stirn weiß, und die Kehle schwarz, im Herbste aber, wird die Stirn aschgrau, und die Kehle bekommt unten weiße Flecken. Im September ziehet dieser Vogel weg. (w)

233) Das Hauß-Rothschwänzlein, lat. Sylvia Tithys.

Die Bachstelze, mit schwärzlichen Schwingfedern und rothen Schwanze, dessen mittelsten zwey Federn schwarz und auswendig röthlicht sind. Linn. Syst. Nat. XI. n. 23.

Ital. Moretto.

U. Z. Der Schwanz und die Gegend des Steisses sind roth.

aus

---

w) Dieses Rothschwänzlein verrichtet seine Bruth in denen Löchern der Bäume, und legt 6. bis 7. blaugrüne Eyer. Sie glänzen unvergleichlich, und sehen aus wie roher Grünspan. G.

aus E. C. Das Männlein ist von oben aschgraulicht, mit schwarzer Kehle und Brust, der Bauch ist zwischen denen Schenkeln weiß, übrigens aber weiß und schwarzbunt. Das Weiblein siehet durchgängig bräunlicht aschgrau.

Es ist eben sogroß als das vorhergehende, obschon Kramer l. c. n. 12. es noch einmahl sogroß beschreibet. Sowohl am Weiblein, als Männlein sind die mittelsten zwey Schwanzfedern braun, die übrigen aber an der Spitze bräunlicht.

234) **Der braun und röthlicht bunte Fliegenvogel,** lat. Sylvia Zya.

U. Z. Die Flügel, der Rücken und die Gegend um die Ohren sind fuchsroth und braunbunt. Die Kehle hat eine weisse Farbe, Halß und Brust aber sehen aschgraulicht.

aus E. C. Der Bauch ist weißlicht, Schwing- und Schwanzfedern sind braun und an der schmalen Seite röthlicht gesäumet. Der Kopf hat eine braungraulichte Farbe.

Es zieht dieser Vogel mit dem Rothkehlgen, vielleicht ist dieses die 19. Bachstelze des Kramers. (x)

x) Dieses Vögelgen wird in Obersachßen und Thüringen das Braunelligen genennet. G.

VI. Ordnung,

235) Sylvia Schoenobænus.

Die kothfarbigt braune von unten aber, blaß kothfarbene Bachstelze mit fleckigten Kopfe. Linn. l. c. n. 4.

Ital. Grisato.

U. Z. Von oben ist dieser Vogel blaßröthlicht und braun gefleckt. Brust und Kehle sind fuchsröthlicht, Bauch und Steiß aber, weißlicht.

aus E. C. Uiber dem äussersten Augenwinkel steht ein weißlichter Fleck, und bey Anfange der Flügel eine weisse Binde. Die Schwanzfedern sind zugespitzt.

Er nistet auf der Erde, und sitzt gern auf denen äussersten Spitzen derer Pflanzen. Er zieht noch eher weg, als das Colchicum blüht.

236) Der schwarz und weisse Fliegenschnäpper, lat. Sylvia Muscipeta.

Muscipeta Ionstony Av. Tab. XLV. kommt diesem Vogel sehr nahe.

Crainisch Pontza. Ital. Grisato bastardo.

U. Z. Er hat eine schwarze Kehle. An beyden Seiten des Halßes und mitten auf jedem Flügel, steht ein weisser Fleck.

aus E. C. Von oben siehet dieser Vogel schwarz und ist mit kleinen Fleckgen gleichsam gewölket. Die Brust ist fuchsroth, und die Schwanzfedern unten stumpf. Er streichet im October weg.

Sperlingsartige, Passeres.

237) **Der bräunlichte Fliegenvogel,**
at. Sylvia Rubetta.

Die schwärzlichte Bachstelze, mit weissen Augenbraunen, weissen Fleck im Flügeln, und gelblichter Kehle und Brust. Linn. l. c. n. 16.
Alia Ficedula sive atricapilla Ionst. Av. Tab. XLV.

U. Z. Ist von oben braun, und von unten weiß. Auf denen Flügeln hat er einen weissen Fleck.

aus E. C. Schwing- und Schwanzfedern sehen braun, die drey ersten Federn im Schwanze, sind an ihrer äussern Seite, etwas unter die Helfte, weiß.

238) **Das Weidenzeißlein,** lat. Sylvia Trochilus.

Die aschgrau grünlichte Bachstelze, mit gelben Augbraunen, und Schwingfedern, die von unten gelblicht sind. Linn. l. c. n. 49.

U. Z. Ist braun grau gelblicht, und von oben noch dunkler, mit einer weißlichten Kehle.

aus E. C. Dieses Vögelgen ist sehr klein, und man kennet es schon von weiten, an seiner sonderbaren Stimme (Tin Ton) (y)

239)

y) Das Weidenzeißlein bauet ein sehr artiges Nestgen in niedrigen Büschen. Es ist dasselbe oben nicht offen, sondern zugedeckt, zur Seite aber geht ein Loch heraus, wo das Vöglein seinen Aus- und Eingang hat. Es siehet einem runden Backofen vollkom-

VI. Ordnung,

239) **Der Zaunkönig, Zaunschlüpferlein,** lat. Sylvia Trochlodytes.

Die graue Bachstelze, mit schwarzen, graulicht gewässerten Flügeln. Linn. l. c. n. 46. Kram. l. c. n. 20.

Regulus Ionston. Av. Tab. XLII. Meyer. Animal. II. Tab. LXXIX.

Crainisch, Stresch. Stœrschek.   Ital. Reatolo.

U. Z. Von oben ist er braunroth, von unten aber weißlicht und braun gefleckt.   Beym Anfange eines jeden Flügels sind drey weisse Punkte befindlich.

aus E. C. Dieses sehr kleine Vögelgen erträgt die strengeste Kälte, und den tiefsten Schnee, und singet noch darbey mit frölicher Stimme. Wenn es erschrickt, so hebt es den Schwanz in die Höhe.   Durch die Löcher in denen Zäunen, kriechet es mit grosser Geschwindigkeit. Im Frühjahr verläßt er unsere Gärten, wendet sich an die bergichte Orte, und verrichtet daselbst in denen Schlupfwinkeln kalter Wälder seine Bruth. (z)

240) vollkommen ähnlich, bestehet aus dürren Graß und Baumblättern, innwendig aber ist es mit Vogelfedern ausgefüttert. Es liegen gemeiniglich 5. weisse, mit ziegelrothen Fleckgen, besprengte Eyergen darinnen, die nicht viel grösser sind als Zuckererbsen.   G.

z) Des Zaunkönigs Nest ist eben von der Bauart wie beym Weidenzeißlein, nur bestehet es aus lauter

Sperlingsartige, Passeres.

240) **Das Goldhähnlein,** lat. Sylvia Regulus.

Die Bachstelze, deren kürzere Schwingfedern, am äussern Rande gelb, und in der Mitte weiß sind. Linn. l. c. n. 48. Kram. l. c. n. 21.

Crainisch, Kralitsch.

U. Z. Der Scheitel ist mit gelben, und pomeranzenfarbenen Federn bekleidet, die so weich sind als Seide.

aus E. E. Es ist von der Grösse des vorhergehenden. Oben her, hat es eine aschgraue, ins Grünlichte fallende Farbe, von unten aber, ist es weißlichter. Die Schwingfedern sind graubraun, und am Rande der aussewendigen Seite, gelblicht. Die kürzern Flügelfedern haben weisse Spitzen.

Im Winter hält sich dieses kleine Vögelein in denen Obstgärten auf, kriechet an denen Bäumen herum, fast wie das Baumläuferlein und hänget sich oft an die alleräussersten Spitzen derer Aeste.

ter grünen Moose, und innewendig sind Vogelfedern. Er legt meist 7. Eyer, die weiß, und mit ganz blassen, röthlichten, sehr kleinen Punkten besprengt sind. Sie haben die Grösse der vorigen. G.

VI. Ordnung,

Das Meisengeschlecht, lat. Parus.
Linn. Syst. Nat. p. 340.

Die hierher gehörige Vögel, haben einen derben und etwas dickern Schnabel, als die Fliegenvögel und Bachstelzen. Die Nasenlöcher sind mit Porsten bedeckt.

241) **Die Barthmeise,** lat. Parus Barbatus.

U. Z. Von oben ist sie rostfarbig und von unten etwas blässer. Von der Wurzel des Schnabels, steigen bey dem Männlein, zu beyden Seiten schwarze Federn herab, die einen Barth vorstellen.

aus E. C. Der Schwanz ist rostfarben. Der Schnabel gleicht einem kurzen Kegel, und ist hornfarbig. Die Schwingfedern sind graubraun, und am äussern Rande weißlich. Sie hat die Grösse der Kohlmeise. Man darf sie nicht verwechseln mit dem Pendulino Mont. Bonon. Com. II. p. 2. p. 57. wo derselbe schön abgemahlt ist. (a)

242)

---

a) Es wäre zu wünschen: daß der Herr Verfasser von dieser neuen Art Meisen, so wie von einigen andern Arten Vögel, die er zuerst zubeschreiben scheinet, Kupferstiche mitgetheilet hätte.

242) **Die Kohlmeife,** lat. Parus Major.

Die Meife mit ſchwarzen Kopf, weiſſen Schläfen, und gelben Nacken. Linn. l. c. n 2. Kram. El. p. 378. n. 3.

Parus major. Ionſt. Av. p. 122. Tab. XLIV.

Crainiſch, Snitza. Ital. Paruſola. Pariſolla.

U. Z. Der Kopf, Kehle und der Strich, der von der Kehle, bis unten an den Schwanz geht, ſind ſchwarz. Bey denen Ohren ſteht ein weiſſer Fleck.

aus E. E. Die Bruſt und der Bauch ſind übrigens gelb. Die kürzern Schwingfedern haben weiſſe Spitzen.

Dieſer Vogel iſt ſehr neugierig, und läßt ſeine Stimme immer hören. Er iſt ſehr unruhig, zornig und liſtig. Seine Speiſſe faſſet er mit den Klauen, und picket mit dem Schnabel darauf. Ein Männlein beiſſet auf das andere, und verfolget es. Er frißt das Gehirne aus den todten Aeſſern, ingleichen Nüſſe, Gewürme und Fleiſch, und man kann ſagen daß er alles freſſe. Er hält ſich hauffen weiß zuſammen und wird mit hölzernen Kloben, Vogelleim, Garnen, und in Stellbauern gefangen.

243) **Die Schopfmeiſe,** lat. Parus Criſtatus.

Die Meiſe mit einer Haube auf dem Kopfe. Linn. l. c. n. 2. Kram. l. c. n. 2.

Parus cristatus Ionston. ibid.

U. Z. Sie ist weißlicht, die Kehle schwarz, und der Kopf mit einer Haube versehen.

aus E. C. Der Kopf ist schwarz und weiß bunt. Von der Haube läuft ein schwarzer Strich abwärts. Am Halße befindet sich ein schwarzer Fleck, der einem gleichseitigen Dreyeck ähnlich ist. Der Rücken hat eine aschgraue ins röthlichte fallende Farbe. Schwing- und Schwanzfedern sind graubraun.

244) **Die Blaumeise**, lat. Parus Caeruleus.

Die Meise mit blaulichten Schwingfedern, davon die vordersten, am äussern Rande weiß sind, weisser Stirn und himmelblauen Scheitel. Linn. l. c. n. 5. Kram. l. c. n. 3.

Parus cæruleus Ionst. Av. l. c. Meyer. Anim. I. Tab. XXXIII.

Crainisch, Blava Snitza. Blaumandltz.

U. Z. Der Nacken, Wirbel, und die, um den Halß herum laufende Binde, sehen himmelblau. Die Stirn, und die Schläfe sind weiß. Unter dem Nacken, ist eine weisse Binde.

aus E. C. Bey der Wurzel des Unterschnabels, entstehet ein schwarzer Strich, der bis an die schwarze Binde des Halßes reichet. Die Brust ist gelblicht, und beyde Seiten noch gelber. Die Schwanzfedern sind meist ganz,

die

die Schwingfedern aber, nur am äussern Rande blau. Der Bauch ist weißlicht.

245) Die Schwarzmeise, Speermeise, lat. Parus Ater.

Die Meise, mit schwarzen Kopfe, aschgrauen Rücken, und weissen Hintertheil des Haupts, auch weisser Brust. Linn. l. c. n. 7. Kram. l. c. n. 4.

U. Z. Sie hat einen schwarzen Kopf, dessen Gegend unter den Augen weiß ist. Der Halß, Brust, Bauch, und Steiß sehen gleichfalls weiß.

aus E. C. Die Flügel, der Schwanz und Rücken, haben eine bräunlicht aschgraue Farbe.

246) Die Hundsmeise, lat. Parus Palustris.

Die Meise mit schwarzen Kopf, weissen Schläfen, und aschgrauen Rücken. Linn. l. c. n. 8. Kram. l. c. n. 5.

U. Z. Der Kopf, die Kehle, und die Schläfe, sehen wie bey der Kohlmeise. Der Bauch ist weiß, ohne einen länglicht schwarzen Streif.

aus E. C. Unter dem Hintertheile des Kopfs, stehen einige weisse Flecken, dergleichen auch beym Anfange eines jeden Flügels befindlich sind. Der Rücken hat eine bleyfarbe.

VI Ordnung,

247) **Die Schwanzmeise**, lat. Parus Caudatus. (b)

Die Meise mit weissen Scheitel und einem Schwanz der länger ist als der Körper. Linn. l. c. n. 11. Kram. l. c. n. 6.

Parus

b) Das Nest dieses kleinen Vögelgens, ist überaus wunderbar, und giebt dem Neste der pohlnischen Beutelmeise, (Remiz) in Ansehung der Baukunst, nichts nach. Es sieht einem Tabacksbeutel, oder aufgeblasenen Kälberblase, sehr ähnlich, und hat eine Länge von anderthalb viertel Ellen. Ganz oben geht an der einen Seite, ein kleines rundes Loch, von der Grösse eines Guldens hinein, dadurch das Vöglein aus und ein kriechet. Gemeiniglich bauet diese Meise ihr Nest von weissen Baummooß, welches sie von eben dem Baume nimmt, auf welchem sie ihr Nest bauet, und da sie solches meistentheils, mit dem Untertheile oder Boden, auf eine Zwiesel, nahe am Stamme setzet, den übrigen Körper des Nestes aber, an den mit weissen Moos überzogenen Stamm des Baums selbst anlehnet; so ist solches schwerlich zu entdecken, und man siehet es viel eher für einen Klump Mooß, als für ein Nest an. Innwendig ist es mit Vogelfedern, und Haaren von Thieren, sehr weich ausgefüttert, und so geräumlich, daß man von dem Vögelgen nichts gewahr wird, wenn es auf den Eyern sitzt oder sich im Nest verbirgt. Es legt wohl 12. bis 15. Eyergen wie grosse Zucker Erbsen, sie sind weiß, und haben ganz kleine blasse, röthlichte Punkte, fast wie beym Zaunkönige. G.

Sperlingsartige, Passeres.

Parus caudatus Meyer. Animal. II. Tab. XXVII.
Crainisch, Gaugarza. Ital. Molina rella.
U. Z. Die obern Schwanzfedern sehen schwarz, und sind länger als der Körper.
aus E. C. Der Kopf, Halß, Brust, und der Anfang des Bauches, nebst dem Steiße sind weißlicht. Im Winter wird man ein und den andern Haufen, von dieser Meisenart gewahr. (c)

248) **Die schwarze Meise, mit rothgelben Kopf,** lat. Parus Erythrocephalus.

Die schwarze Meise mit rothgelben Kopf und Schenkeln. Linn. Syst. Nat. XI. n. 10.
U. Z. Sie ist kohlschwarz, Kopf und Schenkel aber, gleichen pomeranzen farbener Seide.

Diesen sehr zierlichen Vogel, welcher kleiner ist, als die vorhergehenden, hat uns der berühmte I. T. Gronovius überschickt.

Das Schwalbengeschlecht, lat. Hirundo.
Linn. Syst. Natur. p. 191.

Die hierher gehörige Vögel nähren sich von Insecten, sind geschäftig, können die Winterkälte nicht ausstehen, nisten unter denen Dächern,
des

---

c) in Thüringen ist dieser Vogel sowohl im Sommer als im Winter häuffig anzutreffen. G.

des Winters liegen sie im Verborgenen, werden von einer Schlafsucht befallen, und erwachen wieder, wenn im Frühling Tag und Nacht gleich sind. Sie haben einen plumpen Gesang, weiten Rachen, und zusammen gedrückten Schnäbel, mit weiten Nasenlöchern. Der Oberschnabel ist an der Spitze gebogen. Man kann sie von allen andern Vögeln leicht unterscheiden.

249) Die Haußschwalbe, Stachelschwalbe, lat. Hirundo Rustica.

Die Schwalbe, deren sämmtliche Schwanzfedern, ausgenommen die 2. mittelsten, mit einem weissen Fleck bezeichnet sind. Linn. l. c. n. 1. Kram. l. c. p. 380. n. 1.

Hirundo domestica Ionston. Av. Tab. XLII.
Meyer. Animal. II. Tab. LXXXVI.

Crainisch, Laustaza.
Ital. Rondine. Rondinella. Rondola.

U. Z. Die schwarze Farbe spielet ins Blaue, die Stirn und die Kehle sind castanien farben.

aus E. C. Sie kömmt den andern oder dritten April an, und nistet innerhalb derer Häusser. Sie füttert ihre Jungen noch wenn sie schon vom Neste abgeflogen sind, und die alten fangen den ganzen Tag Insecten vor dieselben. Sie warnen sie vor ihre nahen Feinde, durch ein beständiges Geschrey. Die jungen Schwalben werden von einer besondern Art Läuse geplagt

Sperlingsartige, Passeres.

plagt (Entom. Carn. 1023) Wenn die Schwalben wegziehen wollen, so versammeln sie sich auf denen Dächern hoher Häusser, Thürmen und Bäumen.

250) Die Spyrschwalbe, Mehlschwalbe, lat. Hirundo Vrbica.

Die Schwalbe, mit ungefleckten Schwanzfedern, und schwarzen in das Blaue spielenden Rücken. Linn. l. c. n. 3. Kram. l. c. n. 2.

Hirundo agrestis Ionst. l. c.

Crainisch wird sowohl diese als die nachfolgende genennet Huda urnik.

Ital. Tartaro.

U. Z. Von oben ist sie schwarz und ins Blaue spielend, von unten aber, nebst dem Bürzel, weiß. Die Schienbeine und Zähen, sind mit kleinen Federlein bedeckt.

aus E. C. Sie kommt später an, und singt nicht auf erhabenen Orten wie die vorige. Ihre Jungen füttert sie nicht ausserhalb dem Neste. Ihr Nest bauet sie auswendig an die Häusser. Wenn sie wegziehen will, so versammelt sie sich gleichfalls, wie die vorige, und macht öfters mit derselben Gesellschaft.

251) Die Thurmschwalbe, Mauerschwalbe, lat. Hirundo Apus.

Die schwärzlichte Schwalbe, mit weisser Kehle, und vorwärts stehenden sämmtlichen
vier

VI. Ordnung,

vier Zähen. (d) Linn. l. c. n. 5. Kram. l. c. n. 3.

Apus Ionston. l. c. Meyer. Animal. II. Tab. LXXXV.

Ital Seslone nero.

U. Z. Die Schienbeine sind mit Federn besetzt, die Zähen aber glatt, und stehen sämmtlich vorwärts.

aus E. C. Sie fliegt sehr geschwind, und verfolgt immer eine die andere mit einem zischenden Geschrey. Ihre Flügel sind bogenförmig, und länger als der Schwanz. Die Kehle

---

d) In Obersachsen hat die Thurmschwalbe 3. Zähen die vorwärts stehen, und eine, die hinten hinaus geht, da aber letztere mehr seitwärts gerichtet ist; so mag dieses dem Herrn Ritter von Linne Gelegenheit gegeben haben, daß er, zumahl bey todten Vögeln davor gehalten: es stünden alle 4. Zähen vorwärts. Das Nest dieser Schwalben ist innewendig mit einem klebrichten Schleim gleichsam laquirt, welchen der Vogel aus seinem Munde nimmt, und eben solche Bestandtheile zu haben scheinet, als die Matterie ist, aus welcher die chinesische Felsenschwalbe, die sogenannten eßbaren indianischen Vögelnester bereitet. vid. de Vries. in Not. ad Martensium p 279. Die Thurmschwalbe legt nicht mehr als 2. und sehr selten 3. schneeweisse, ganz schmahle, lange und spitzige Eyer.

Vielleicht erhält das Publikum von uns in kurzen verschiedene Kupfertafeln, mit künstlich gebaueten Vogelnestern, nebst ihren Beschreibungen. G.

Kehle ist weiß, die Nasenlöcher aber, ellip=
tisch und haben an der innern Seite eine du=
plicatur. Auch der untere Schnabel ist an
dieser Schwalbenart abwärts gebogen. Man
könnte daher ein besonderes Geschlecht von
derselben formiren.

252) Die Alpschwalbe, lat. Hirundo Alpina.

U. Z. Sie siehet in allen aus wie die vorherge=
hende, nur hat sie eine weisse Brust. (e)

Hält sich in der Grafschaft Tyrol, auf denen
höchsten Alpengebürgen auf.

Sie ist etwas grösser als vorhergehende, und
nistet in denen Felßen der höchsten Alpen.

253) Die Felßenschwalbe, lat. Hirundo Rupestris.

U. Z. Sie ist von oben mausefarben, und von
unten weiß. Die Schwanzfedern haben an
ihrer innern Seite, einen eyrunden weissen
Fleck. Die Füsse sind nackent und schwarz.

aus

e) Vielleicht ist dieses die grosse Gibraltarschwalbe
des Kleins? Prodrom. Hist. Av. §. XXXVIII.
IV. 2. und Edwards I. p. 27. The greatest Mar-
tin or Swift, wenigstens hat diese auch eine weisse
Brust, ist grösser als die Mauerschwalbe, und
da es um Gibraltar auch sehr hohe Felsen giebt,
so ist nicht daran zu zweifeln, daß sie daselbst
niste. G.

aus E. E. Ist aus der Grafschaft Tyrol. Sie ist so groß als die Mehlschwalbe. num. 250. und hat einen schwarzen Schnabel. Die Schwingfedern sind etwas dunkler von Farbe als der Rücken. Der Schwanz hat eben die Farbe als wie die Schwingfedern, und ist zwar an denen Seiten etwas verlängert, keinesweges aber gabelförmig. Diese Schwalbe bauet ein Nest von Thone in denen Holungen jäher Felsen. Die Beschreibung der Uferschwalbe (hirund. ripariæ Linnei) passet ziemlich genau auf diesen Vogel. (f)

Das Nachtschatten, oder Nachtschwalbengeschlecht, lat. Caprimulgus.
Linn. Syst. Nat. p. 346.

---

f) Sie sind auch sicher beyde einerley. In Obersachsen giebt es in jähen Ufern der Flüsse, in denen Wänden der Leimengruben, und in alten Mauern, grosse Schaaren dieser Schwalben, allwo sie in runden Löchern, welche von aussen, gleich denen Maulwurfslöchern in diese Ufer hinein gehen, im Sommer brüthen, und 5. weisse Eyer legen. Ihr Nest bauen sie von dürren Graß und nur weniger Erde, und tragen Federn in die Holigkeit desselben. Unsere Thüringische Uferschwalbe, hat auf der Brust einen graubraunen Schild. Man nennet sie auch hier wegen ihrer kothigten Farbe, und weil sie in der Erde brüthet, die Koth- oder Dreckschwalbe G.

Es unterscheidet sich dies Geschlecht von der Schwalbe, daß es an der Spitze des Oberschnabels einen stumpfen Zahn hat. Aus der Mitte des Oberschnabels gehen zu beyden Seiten sieben Nasenhaare seitwärts heraus.

254) Der gemeine Geißmelker, lat. Caprimulgus Europæus.

Der Geißmelker, mit kaum merklichen Röhren, in denen Nasenlöchern. Linn. l. c. n. 1.

Hirundo Caprimulga Klein. Hist. Av. p. 152. n. 1. mit dem Bildnisse.

Ital. Tetta vache.

U. Z. Der Schwanz ist aschgraulicht mit braunschwarzen Querbinden und Flecken.

aus E. C. Der Rachen ist zwey Zoll, und vier bis fünf Linien weit, die Zunge aber, kaum vier Linien lang, ungespalten, und hat am Ende Einschnitte die innwendig gezähnelt sind. Die Nasenlöcher sind eyrund und offen. An dem Unterschnabel ist innwendig ein Loch, auf dem ein Knoten sitzt. Die Ohren sind weit. Kopf und Rücken sehen aschgrau, mit schwarzen Punkten und länglichten Strichen. Die Kehle, Brust, Bauch und Steiß sind weißlicht kothfarben und mit Querstrichen gezieret. Die Flügel haben eine graubraune Farbe, und sind von oben rostfarben gefleckt, von unten aber, mit kothfarbenen Querstrichen versehen. Die zweyte Schwingfeder ist länger, als die übrigen, und fast einen halben Fuß lang, alle aber, haben an der innern Seite Querbinden, und an der äussern rostfarbene Flecken. Der Schwanz ist unten rund. Die Schienbeine sind 8. Linien lang, und werden von den Federn der Schenkel zugleich bedeckt. Die Hinterzähe ist klein, und die Klaue an der Mittelzähe hat an einer Seite acht Einschnitte oder Kerben. Er bauet sein Nest in denen Wäldern auf die Erde, bekleidet es innewendig mit dürren Blättern, und leget zwey weisse Eyer, die mit vielen graubraunen sowohl einzelnen als zusammen fliessenden Flecken bestreuet sind. (g) Er flieget aus, wenn es Abend wird, und läßt zuweilen auf einem Stocke, oder der Spitze eines Baumes einen traurigen Gesang von sich hören. Sein Futter bestehet aus Motten und Nachtschmetterlingen die er haschet. Bey Tage hält er sich entweder verborgen, oder saugt die Eyter des Hornviehes aus. (h)

g) Sie haben bey nahe die Grösse der Taubeneyer, und sind nur sehr wenig kleiner. Wenn sie frisch sind, so glänzen sie, als ob sie poliret wären. Da sie einem weissen Marmor mit grauen Flecken gleichen; So gehören sie mit unter diejenigen Eyer, die ein Cabinet vorzüglich zieren. G.

h) Es saugt kein Nachtschatten das Hornvieh aus, wenigstens kann kein Naturkündiger eine eigene Erfah=

Erfahrung desfalls angeben. Alles was man davon sagen kann, kömmt von denen Erzählungen des Landvolks her, welche diesen Vogel abends, um ihre Kuhställe, um Inseckten zu fangen, herum schwärmen sehen, und dahero wenn es ihnen aus andern natürlichen Ursachen, an Milch mangelt, glauben, derselbe habe ihnen die Milch entwendet. Herr Klein heget in Prodr. Hist. Av. §. XXXVII. mit mir gleiche Meynung. In Obersachsen weiß man von diesen Aussaugen gar nichts, obschon dieser Vogel in unsern Walddörfern, um die Wohnungen der Ländleute, Abends fleißig herum flieget. In Thüringen hat man aus eben einem solchen seichten Grunde, die unschuldige Stachelschwalbe (hirundo rustica n. 249.) im Verdacht, daß sie die Kühe in die Eyter steche, und leidet deswegen nicht gerne ein Nest nahe beym Stalle. Vermuthlich haben die beyden langen und spitzigen Schwanzfedern dieser Schwalbe, unvernünftigen Leuten zu diesem Mährgen Anlaß gegeben. G.

www.ingramcontent.com/pod-product-compliance
Lightning Source LLC
Chambersburg PA
CBHW031751230426
43669CB00007B/575